JN072478

サギ師が使う
交渉に絶対負けない
悪魔のロジック術

多田文明

イースト新書Q
Q072

はじめに　「このロジック」が、あなたの人生を左右する

振り込めサギや悪徳商法による被害は今なお、深刻な状況である。日々、新聞やテレビ、公的機関などから注意喚起がなされながら、多くの人が騙(だま)されてしまう。なぜなのだろうか？　この点について、これまで自著やテレビなどでもたびたび触れているが、「自分は騙されるわけがない」「自分は大丈夫」という意識を持っていることが大きい。

私はこれまでルポライターとして数々の勧誘現場に潜入してきて、騙しのテクニックがいかに緻密で、恐ろしいものかを知っている。**サギ師たちは、相手の心情、事情に応じて、話術、交渉術を使い分けて、騙しの罠(わな)にはめようとしてくる。**

彼らの交渉術を目の当たりにして、そこにはどんな話術や発想力があるのかを見極めるように努めた。

「なぜ、こんなにもサギ師たちの話が、すんなりと耳に入ってしまうのか」
「どうして、自らの情報をペラペラと話したくなる心境にさせてしまうのか」
「相手の話を聞いて、悩みが解決されたような気になってしまうのは、なぜなのか」

「反論ができないような状況をいかにして、つくり上げているのか」

たとえば、数々の現場経験を経るなかで、気づくことがある。それは、**手練手管を弄する勧誘員になるほど、実に数学的な思考をしているということだ。**

高齢者を中心にサギの被害は絶えないが、サギ師たちは決まって、時流に乗った形でやってくる。新型コロナウイルス、オリンピック、ノーベル賞、震災、個人情報流出など、そのとき騒がれたニュースに便乗して、勧誘電話をかけてくる。つまり、「**足し算**」しながら、話を展開してくるのだ。

では、「**引き算**」はというと、契約前の重要な段階で使われる。最初に、わざと高額な値段を提示しておき、相手が「高い」と答えると、それから一気に何十万円以上も値引いて、安くしたという印象を与えて、契約へと誘う。

「**掛け算**」は、どうか。現代のサギでは、本人が騙されたと気がつくまで、繰り返し金を払わせる傾向がある。なかには、10回近くもお金をサギ師に渡した人もいる。サギを繰り返すことで、騙し取る金を2倍、3倍、10倍に増やしていく。

「**割り算**」としては、高額な支払い金額を、月々払いにすることで相手の了解を取りやすくしたり、相手を口説き落とすためのストーリー展開をいくつかに分割してわかりやすく話してくる。振り込めサギでは、何人も人物を登場させる劇場型の手法が使われるように、息子役、上司役、弁護士役、金を受け取る部下役らが、ひとつのストーリーを分割しながら説得をして、じわじわと相手を追い詰めていく。

サギ師たちの相手を騙してやろうとする動機が問題で、そのテクニック自体は決して悪くないということだ。もし彼らがまっとうに生きていれば、どれほど日本社会に貢献して、経済が発展するだろうか。**サギ師たちの使うテクニックから、「ウソをつく」という毒素を引き算すれば、私たちが日々のビジネスで使える術が満載なのである。**

もちろん私の意図に反した使い方として、この騙しのテクニックを悪用する者も出てくるかもしれない。この書は諸刃(もろは)の剣(つるぎ)であるゆえに、悪用厳禁であることを強調しておきたい。**私はこの書を通じて、ビジネスに活用できる内容とともに、騙しの術をいち早く察知できる〝検査キット〟を提供したいと思っている。**

今なお、猛威を振るうサギの手口を裏から見ることで、防犯対策の手立てを考えられる。そうした読み解き方もしていただき、法を遵守したうえで、健全な経済発展のツールとして役立てられることを強く望むものである。

多田文明(ただふみあき)

サギ師が使う交渉に絶対負けない悪魔のロジック術●目次

第1章 「一瞬で心をつかむ」悪魔のロジック術

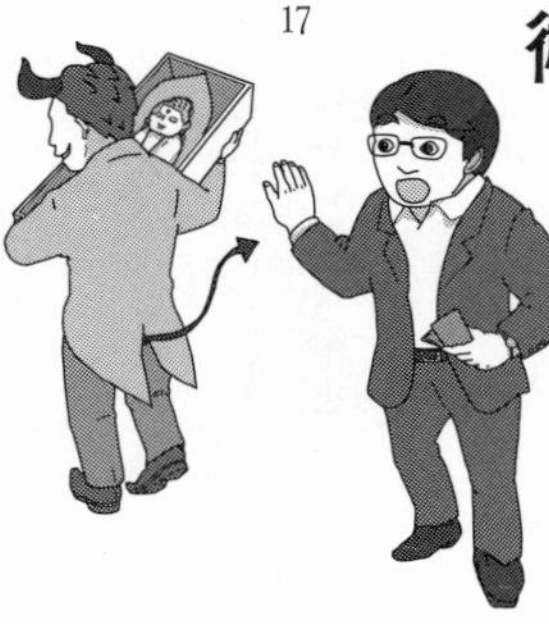

第2章 「思い通りに人を操る」悪魔のロジック術

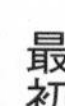

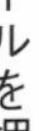

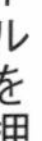
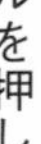

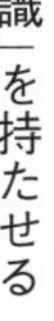

第3章 「相手をその気にさせる」悪魔のロジック術

第1章

「一瞬で心をつかむ」悪魔のロジック術

1 「聞く7：話す3」で話を進める

2020年度の振り込めサギを含む特殊サギの被害総額は、約227億8000万円で、警察の徹底した取り締まりもあり、年々減ってきている。そうは言っても、1日あたりの被害額は6200万円以上であり、いまだ振り込めサギの被害も多く、深刻な状況が続いている。注意喚起がなかなか実らないのには、理由があった。実は、犯人の手口はますます巧妙化するなか、**彼らは一貫してある「会話のセオリー」を守っていたのだった。**

典型的なサギのパターンを見ながら、そのセオリーを見つけ出してほしい。

「**オレだけど**」

ある日、男から高齢女性のもとに電話がかかってくる。息子だと思い込んだ女性は答えた。

「○○かい。なんだい？」

息子の名を呼んで尋ねると、相手は次のように言って、電話を切った。

「実は電車に小切手と携帯電話の入ったカバンを置き忘れてしまった。今、会社の人の携帯を借りて、その電話からかけているんだ。もしも駅の落とし物係から電話がきたら、話を聞いておいてね」

ほどなくして、再び、息子から深刻な声で電話がかかってくる。

「小切手をなくしたことで、会社でトラブルになっていて……、ちょっと上司に代わるよ」

すると、息子の上司を名乗る人物が出て丁寧な口調で言った。

「実は、息子さんがなくした小切手は、今日中に取引先へ渡さなければならないものです。小切手は紛失とともに凍結したのですが、その分の代金を今日中に工面しなければなりません……そのお金の一部を、お母さまに立て替えていただけないでしょうか」

そこで現金を今すぐ、どれくらい用意できるかを尋ねて、もし手元に現金がないようであれば、母親を銀行に行かせて、下ろすように仕向けてくる。

しかし今は、銀行もサギに対する警戒は厳しいので、上司は、「会社にばれると、息子さんは会社をクビになる可能性がありますので、公にしないでほしい」と口止めをしたうえで、もし銀行からどんな用途でお金を使うのかを尋ねられたら、「お葬式代かリフォーム代と答えてください」と指示する。

母親がお金を銀行で下ろして自宅に戻ると、息子や上司から何度も電話があり、お金の受け渡しの指示がある。今は、ＡＴＭでの警戒が厳しくなっているので、お金は会社の同僚などを名乗る男が直接、自宅に取りに来たり、どこかの場所に呼び出すことが多い。

こうした何人もの人物を登場させて電話をかける手口で、被害が数千万円以上になるケースは後を絶たない。

息子や孫になりすました人物が、金を騙し取るオレオレサギ（振り込めサギ）は昔からある手口で、警察などが散々注意喚起しているにもかかわらず被害は起こり続けている。

なぜなくならないのか?

なくならない理由のひとつ目は、**サギ師らは「情報の聞き出し方」が極めて巧み**だということだ。

息子を騙ったサギ師が、「オレオレ」と母親に電話をかけたとき、「オレ」と言われると、つい「○○かい」と息子の名前を言ってしまいがちである。すると、息子になりすました人物は、「そうだよ。電話番号が変わったから、メモしてほしい」などと話し始める。

もちろん、すでにターゲットにする人物の名簿があって電話をするときもあるが、電話帳だけを見て、アトランダムに電話をかけることも多く、詳細な名簿が手元にないサギ師にとって、息子の名前(家族構成)を聞くことができたことは大きな収穫である。

もしここで母親が「オレ」と言われて、ちょっといつもの息子の声と違うのでおかしいと思い、相手を確かめるために「最近、学校の試験はどうだった?」と尋ねたとすると、今度は「息子が学生である」という情報を与えることになる。

サギ師らは、相手の口から自然に話をさせるように仕向けてくるのだ。

会話術ではよく、**初対面の人と話をする場合、相手に7割ほど話をさせて、自分は3割程度にとどめるといい**と言うが、彼らはまさにこれを実践し、**最初の電話では自分が話す以上の時間を、聞く時間に費やして、情報の収集をする。**

私たちは通常、こうしたサギ師に対して、なんとなく電話口で語気荒く自分の話をまくし立てる〝武闘派〟のようなイメージを持っているが、それはちょっと違う。むしろ、傾聴することに重きを置いているのだ。

通常のビジネスでも、この聞く7：話す3の法則を実践している。たとえば、ある健康食品を販売する通信販売業者だ。電話に出た消費者に「飲んでみませんか」と問いかけたとき、「いらないわ、ほかのものを飲んでいるから」と返答されたとする。その「ほかのもの」が何かを聞き出せれば、業者は消費者が何の栄養素に関心を持っているかなどを知ることができる。さらに、消費者が「薬を飲んでいるから、いりません」と答えれば、その薬から病名まで探り当てることもできるのだ。

前出の典型的なサギパターンのやりとりには、彼らのもうひとつの〝スキル〟が隠されていた。

実は、**彼らは初回の電話ではサギを行わない。**

「電話番号を変えたから、前の番号は消去しておいて」などとサギ師につながる番号を教えたり、「話したいことがあるけど……、今日はいいや。またかける」と、サギの本題を言わずにいったん電話を切るのだ。

これをアポイント電話（アポ電）というが、最初の電話は、相手が騙せる人間かどうかをチェックするためのものである。もし、電話先から「お前は誰だ！」と言われたら、騙せない相手なので、電話は即、切って、次のターゲットに電話をかける。

ここでは、「自分の手に負えない（見込みのない客）と思えば、すぐに見切る」という、ビジネスにおける時短テクニックが使われている。実績の出ない営業マンは、得てして効率の悪い営業をしがちで、一軒一軒、丹念に電話をかけ、見込みのない客にまで力を込めてしまう。そのために、時間を奪われるどころか、相手に断られるとショックが大きくなり、次の電話がかけられなくなってしまう。

それに対して、**できる営業マンは、自分が設定した見込み客の基準をベースにして、淡々と電話をかけ、見込みのある客のみに、営業の話を持ちかける。**相手に過度の感情移入をすることなく、次々に電話をかけることができれば、当たり客に出会う確率はグッと高くなる。

振り込めサギではこの手法を、相手を騙す行為に使っているので始末に負えない。そして、いったん騙せる相手と見るや、たくさんの人を登場させて、何度も電話をかけて、騙しの罠にはめていく。高齢者がいくら注意喚起されても、騙されてしまうのも仕方がないかもしれない。それゆえ、振り込めサギ対策としては、留守番電話などの設定にして、知らない電話は取らないことが有効になる。

それは、録音されると犯行の証拠が残るからというだけでなく、最初の電話で相手から情報を引き出せなくなるからである。事前電話の排除こそが、サギに遭わないために有効な手段なのである。

2 「マッキンゼー式」で話のポイントを「3つ」に絞る

電話などで架空の儲け話を持ちかけて、金を騙し取るサギ被害が続発している。たとえば、ギャンブル系の投資話を持ちかける〝サギ師〟は、どのような話術で相手を騙してくるのか。

50代男性は競馬で勝てる情報を得ようと、スマートフォンで競馬情報サイトに登録した。すると「競馬には八百長レースがあり、それに賭ければ儲けられる」との話を持ちかけられ、その話を信じた男性は繰り返しお金を払い、1400万円もの被害に遭っている。

競馬などはギャンブルであるにもかかわらず、「競馬レースには、必ず勝てる情報がある」という、**にわかには信じられないような話を、サギ師はどうやって相手に信じさせていくのだろうか。**

私は競馬の勝ち馬情報を教えてくれるという業者のサイトに会員登録したことがある。登録の翌日から、業者の男から頻繁に電話があった。

「あなたに競馬で稼ぐために伝えたい大切なことが、3つあります」

電話口の男は最初にそう切り出した。それは何なのかと尋ねると、

「それについては、明日お電話します。楽しみにしていてください」

ずいぶんともったいぶった話し方で、電話を切った。

果たして、「稼ぐための3つのこと」とは何であろうか。そんなものが本当にあるのか。怪しい。実に怪しい。けれど、心の中には、「もしかしたら」と思っている自分もいる。

男は翌日、電話でそれが何かを話してくれた。

「ひとつ目は、競走馬を育成しているAグループの存在です。このグループが育成した馬は、競走馬として数多くレースに出場しており、このグループが主導する仕込みレースが年間、いくつかあるのです」

「それはやらせのレースがあるってことですか？」と尋ねると、いい質問をしますね、といった間の取り方で先方はこう立て板に水のトークを展開した。

「はい。大相撲の八百長問題はご存じですね。それと同じことが、競馬でも行われています。ふたつ目に知っておいてほしいのは、競馬情報会社B社の存在です。ここにはAグループの人たちが役員として多く入っています。当社はこのB社から、Aグループによる仕込みレースの特別情報を手に入れています。3つ目は枠順になります。JRA（日本中央競馬会）は表向き、枠順はコンピューターによる抽選で決めていると言っていますが、仕込みレースでは、やらせ馬が勝てるように枠順が決められているのです。こうして、Aグループ、競馬情報B社、JRAと3つが融合して、仕込みレースができるわけです」

私の中の「もしかしたら」心が激しく騒いだ。しかし、平静を装って言った。

「そんな話を急に聞かされても、ちょっと信じられませんよね」

すると、こちらの返答は織り込み済みといった感じで男は丁寧な口調で話し、電話を切った。

「ごもっともです。今週末のレースの極秘情報を手に入れられるので、明日改めて説明します」

翌日、男はまず「この仕込みレースを提供するうえで守っていただきたいルールが3つあります」と言って、次の言葉を読み上げた。

「ひとつ、この情報を他言しない。ふたつ、このレースでの馬券の購入はしない。このレースではその内容が真実かどうかを見極めてもらいたい、ということです。本来、この特別情報は、会員さんの審査をしたうえで、それに受からないと提供できない貴重なものなのです。3つ目は、JRAなどに仕込みレースがあるかなどと、クレームをしないでくださいね。約束できますか？」

私は自分でもびっくりするような大きな声で、はっきり「はい」と即答した。

答えると、明日の仕込みレースがどうなるかを伝えられた。ただ、「○○という馬が先頭に出まして……」とレースの流れを話すものの、肝心な着順については、「あなたはまだ特別会員ではないので、残念ながら着順を教えることはできません」とごまかされた。

「教えてもらうには……？」

「そうですね、この仕込みレースの着順まで教えるとなると、情報料金がかかってしまいます。３００万円になります」

私はその「誘い」を断った。実際にレースを見てみたが、聞かされた「レース展開」はどうとでも取れる内容であった。

やはりサギだった。しかし、彼らはある高等なトーク術を駆使していた。

サギ業者らとのやりとりで気づいたことがあった。それは、彼らは自分たちの話を伝えるために、ことあるごとに「３つ」というキーワードを冒頭で話したことだった。

それで思い出したのが、経営コンサルティング会社、マッキンゼー・アンド・カンパニーだ。同社では顧客企業などへのプレゼン資料やトークにおいて「3」がマジックナンバーになっていることはよく知られている。

「ポイントは3つあります。ひとつ目は――。ふたつ目は――。3つ目は――」

ひとつやふたつでは「少ない」という印象のため説得力が小さくなるが、4つや5つもあると「話が長い」という印象が強くなり、相手は集中力が持続せず真剣に聞かなくなる。「3」という数字が、人間にとって最も受け入れられやすい数字なのだ。

このトークの手法は、主に自分の意図するところを相手に的確に伝えたいときに使われる。話し相手の頭の中に3つの枠組みを準備させて、その一つひとつに、こちらの伝えたいことを埋めていく。これにより、自分の話を相手にわかりやすく理解させることができるのだ。

特に、この手の競馬サギに引っかかるのは、競馬経験の浅い人がほとんどである。仕込みレースというものを理解させようと、それをいっぺんに話したのでは、とても理解してもらえない。そこで**「3つ」という初心者にもわかりやすい形にして、話を複雑にせず、順を追って説明をする。**

この業者の場合、仕込みレースなどというウソの話を持ちかけているので、サギということになるが、この説明のテクニックは、営業でもプレゼンでも一般のビジネスでも大いに使えるものである。

もし、なかなか自分の話が相手に伝わらないと感じている人は、相手の頭に3つの枠組みを用意させて、そこに要点を入れて話すように心がけてはどうだろうか。

「理由は3つあります」
「重要なことは3つです」
「お伝えしたいことは3点です」

そうやって**話の冒頭を「決め文句」のようにして、後を続ける**。そうすれば相手は「なんだろう」と思い、耳を傾けるかもしれない。よく聞けば話の内容が陳腐であったとしても、不思議とそれらしく聞こえて、説得力がアップすることもあるのだ。

3 「ぶっちゃけ話」で親近感を持たせる

路上のキャッチセールスで声をかけられて、高額な商品を購入させられるケースは、ひと頃に比べて減ってきてはいるものの、相変わらず被害は起こり続けている。

「ネイルの練習をさせてください」
「無料モデルになりませんか」

路上で若い女性らにそんなふうに声をかけて、店に連れていき、肌の診断を受けさせて、「数年後には顔中がシミだらけになる」などと不安を煽(あお)って、高額な美容器を販売していた業者の男らが、特定商取引法違反の疑いで逮捕されるなどしているが、キャッチの巧妙さは、街頭で声をかけられた時点では、相手が商品購入の気持ちが全くないにもかかわらず、店舗に連れていき、契約をさせてしまう点にある。

路上のキャッチセールスは、ただ強引に店に連れ込んでいるように思われがちだが、そうではない。**ターゲットを勧誘先に連れ込むまでに、商品の契約をさせる確率を高めるような入念な下準備をしているのである。**

まずキャッチらは足を止めた人を店にスムーズに誘い入れるために、短時間で心の距離を縮めようとする。そこで彼らの多くは「アンケート調査」を名目にして話しかける。エステであれば、「美容のアンケートをお願いできますか?」といった具合である。

路上で「自己啓発講座」へ誘うキャッチを例に挙げれば、アンケート用紙には「政治・経済、歴史、スポーツ、映画」から、よりプライベートな内容の「家庭、結婚、仕事、恋愛、健康」に至るまでのさまざまな質問が連ねられている。

勧誘者はそれを見せながら、「関心があるものはありませんか?」と尋ねてくる。さすがに、これだけの項目があれば、どこかに関心を持つはずである。それを狙っての問いかけだ。そして、相手が答えた項目をきっかけにして、その人が今、何に悩み、どんな問題を抱えているのかを探ってくる。

これまで私はさまざまな悪徳業者と接してきたが、情報の取り出し方の下手な勧誘員と上手な勧誘員がいることを感じている。その違いは、次の言葉に表れる。

下手な勧誘員は「健康」に関心があると知ると、こうストレートな質問を投げかけてくる。

「お体で心配なことがあるのでしょうか？」

それに対して、上手な勧誘員は次のように切り出す。

「このところ、寒いですね。私も40歳を前にして、体の節々が痛くて、困っています」

と、自分の事情から話すのだ。

すると、相手も同じ悩みを持っていた場合には「私も最近、腰が痛いですね」と答える。

そこで勧誘員はすかさず質問をする。

「腰が痛いとつらいですよね。病院には通われていますか？」

「ええ」

「もしかして、ヘルニアか何かですか？」

といった具合だ。

また、相手が心を開き、「最近、胃の調子も良くなくてね」と言おうものなら、こう返す。

「わかります。私もちょっと緊張すると、胃が痛くなってしまうことがよくありますよ……」


ここでは、健康をキーワードにして、お互いに自らの小さな秘密を相手に打ち明けながら、次第に心の距離を縮めているのである。

ある程度、相手との信頼関係が構築されたと見るや、キャッチは店で紹介する予定の商品やサービスのアピールをしてくる。しかし直接的に商品の宣伝をしたのでは、店舗での勧誘行為が見え見えになる。

そこで、アンケートなどで引き出した本人の悩みなどの事情をもとに話を展開する。

自己啓発講座への勧誘ならば、「私は人間関係の悩みを持っていたけれど、この講座を受けたら解決できた」と言い、エステの勧誘ならば「以前は肌にちょっとトラブルを抱えていたけれど、ここの美顔器でのマッサージを受けたら、肌の状態がすこぶる良くなった」

などと言う。**自分の体験として話しながら、店の宣伝をするのだ。**

そして、畳みかけるように、「あなたも、もし気に入ったら、やってみたらいいですよ」と言う。もちろん、講座の料金やエステにいくらかかるかとかは話さない。まさか、契約をさせられると思わない相手は、軽い気持ちで「そうですね」と答える。こうして「良ければ、やってみたい」という前向きな言葉を引き出すことで、連れ込み前の下準備は万全になる。

もちろん、一般のビジネスマンが路上キャッチのように、ウソの体験談を話したり、販売する商品の内容をしっかり伝えずに連れ込んだりするような強引な勧誘をしてはいけないが、彼らのやり方をまっとうな仕事に生かせる部分はある。

それは、**お互いに「小さな秘密」を共有しながらの信頼関係の築き方**である。秘密といっても大げさなものではない。

たとえば、顧客や取引先との関係を深めたいとき。初対面なら、天気、ニュースなどたわいない話で言葉のキャッチボールをして少し打ち解けたら、次第に出身地や好きなスポーツ（贔屓のチーム）など個人的な情報をやりとりする。ささやかな会話でいいのだ。

ただ、その際に大事なのは、前述した情報の取り出し方の上手な勧誘員が「自分の事情」を先に話したように、自分のプロフィールや経験（失敗談など）、住んでいるエリアなど**プライベートな情報を積極的に自己開示する**ということだ。すると、話の内容にもよるが、**自己開示された側はどことなく相手に親近感を感じるものだ**。自分との類似点を発見すると親密度はさらに増していく。

そうやって、心が打ち解け合った土台の上で、商品の説明をする。そのときには、信頼と商品の説明（営業）のバランスを考えることが大事だ。お互いがシーソーの両端に乗っている状況を思い浮かべながら、うまくバランスを取る形で営業的な話を切り出す。

もし信頼が薄い状態なのに、営業色の強い話をすると、相手は押し付けがましい思いを抱くことになる。逆にいえば、**信頼が厚ければ厚いほど、より突っ込んだ話ができる**というものである。

4 相手を持ち上げて期待に応えさせる

東日本大震災以降、豪雨、台風などによる災害が全国で相次いでいる。こうした光景を報道で目にするたびに、少しでも手助けをしたいという思いに駆られる人も多いことだろう。

こうした、相手を不憫(ふびん)に思う人の気持ちにつけ入るサギや悪徳商法が横行している。

「東日本大震災の孤児たちのために児童養護施設を開設したいので、協力してほしい」

ある年の年末、80代の男性のもとへ、ある学園の関係者を名乗る人物から電話があった。男性は、被災者の役に立てればとの思いから、説明を信じ、現金250万円を送ってしまった。ほかにも仮設住宅建築の業者を騙り、金を騙し取ろうとするなどのケースは後を絶たない。

また高額な被害になってしまうものに、老人ホームや介護施設に入居できるなど「権利の売買」をめぐるサギもある。消費者センターなどに寄せられた相談は次のようなものだ。

高齢女性のもとに届いたのは、養護老人ホームを経営する医療法人のダイレクトメール（DM）。「老人ホームへ入居できる」という権利申込書が入っていた。

その後、ある業者から電話があり、こう言われた。

「養護施設に入りたい人が30人ほどいるのですが、その入居権を購入する権利は、DMが送られた方のみに限られているため、入れなくて困っている人がたくさんいます。お金は当社でご用意いたしますので、人助けだと思って人数分、申し込んでいただくことはできませんか」

高齢女性は親切心のつもりから、この話を承諾し、30人分3000万円（一口100万円）を申し込んだ。しかし、高齢女性宅の娘がサギだと気づき、電話して解約を申し出たところ、先方はこうすごんだ。

「解約するなら、損害賠償として1500万円を請求しますよ！」

「人助けになる」などと訴えてきて、その後に、金を騙し取ろうとするサギには注意が必要である。

こうしたサギの場合、相手の心にある憐憫（れんびん）の情を煽るために、「あなたが金を出すことで、被災者の窮状が救える」と相手に期待を寄せてくる。

この手口の古典的なタイプが街頭募金だ。

「あなたの善意が多くの人を救うことになります」という呼びかけをされて、「あなたにしかできないことだ」という眼（め）をされると、その期待に応えたいと思い、募金箱にお金を入れてしまう人も多いのではないだろうか。

人は頼られると、悪い気はしないものだ。**他人から期待されると、人はその通りの成果**

を出そうとする傾向がある。これを「ピグマリオン効果」（ローゼンタール効果）と呼ぶ。

教育心理学の法則のひとつで、先生が生徒に「君はできる子だ」などと期待をかけると、その生徒の学習意欲が向上し、成績や知能が伸びるなどの効果が表れるという。まさに、サギ師らはこの効果を利用して、思い通りの方向へターゲットを誘導するのである。

ビジネスシーンでは目標やノルマを達成するために、社員のモチベーションを常に高める必要があるだろう。そのとき、部下のやる気を出させるために、上司が「頼むぞ！　お前ならできる」と期待をかけて、前向きな気持ちを引き出す手がある。

しかし、ただ闇雲に期待をかけてもあまり大きな効果が出ないことも多い。

というのも、**期待をかけるとは、相手の気持ちを引き上げること**であり、事前に相手の気持ちがマイナス状態(くぼんだ状態)になっていなければならないからだ。それゆえ、期待の効果を高めるためには、前もって叱咤（しった）するなどの厳しい言葉をかけ、気持ちをくぼませたうえで、相手に期待をかける、という手順が意外に重要なのだ。

先の人助けサギの場合、サギ師らは災害の悲惨な現状を訴えることで、電話の相手の心を落ち込ませる。そのうえで相手に「あなたしか、できないことなのです」と訴えて、期待をかけて騙す。

私も悪徳商法の潜入先で、よくこの手を使われた。

私が勧誘者から1時間ほど話を聞いて、契約締結をしない旨を伝えると、女性の勧誘者はこう言って急に怒り出す。

「そんな決断力のないことでは、これからの人生は絶対に成功しません」

「この場で契約できない、こんな優柔不断な男性は見たことがない。このままでは、あなたはどっちつかずの人生になって、一生、結婚できない」

相手は私を睨(にら)みつけている。当時、40代独身で若干思い当たるところがあり、落ち込んだ様子を見せると、急に女性は優しい口調になり、次のようなことを言い始めた。

「厳しいことを言ってごめんなさいね。でもこれはあなたの将来のことを真剣に考えてい

るから、言ったことなのよ」

しまいには、

「こんなにあなたのことを真剣に思って、真正面から厳しい言葉を口にした人はいますか」などと情に訴えてくる。要は、あなたは将来のある人で、期待しているから厳しいことを話したというのである。

そしてそれから再び、長い勧誘話が始まることになった。

いずれにしても、**部下や交渉相手を動かすためには期待をかける飴だけではなく、その前に厳しい言葉の鞭を与えることが必要になる。**鞭の後の飴は相手の心に大きく響くものだ。

しかし特に鞭をふるわなくても良い場面もある。それは部下が仕事を失敗して、窮地に陥っていたり、顧客がどうして良いかわからない悩みを持っていたりするケースである。この状況では、すでに相手の心は落ち込んでいるので、その状況のなかで期待をかけて気持ちを引き上げてあげれば良いのである。

5 「二択式」トークで決断を迫る

善か悪か、敵か味方か、白黒をはっきりつけて物事を考える方法は、よくカルト教団の思想などで見られる。これは二極思考、対立思考などとも呼ばれる。

実は、有能なビジネスマンはこの手法を取り入れているのだが、「正」の側面に触れる前に、「負」の側面をざっと解説しよう。

現代社会においては、物事が複雑に絡み合っており、仕事や人間関係などで対処すべき方法がわからず、悩みやストレスを抱えてしまう人は多い。

ところが、この思考では**すべての事象を白と黒のふたつに分けて考えさせるので、物事の判断が楽になる。**白を取るとすれば、黒の側を排除すれば良いので、どっちつかずの曖昧さのなかで悩むことがなくなる。それゆえ、現代人のなかには、この思考を自らの心に取り入れることで、思い煩いから解放されたような気持ちになる人もいる。

だが、この考えは一方で危険なものにもなりうる。

たとえば、カルト教団などではこの思考を使い、相手にマインドコントロールをかけてくる。すなわち自らの教団の意向に沿う行為を善行とし、それ以外を悪行と定めて、物事をスパッとふたつに割って判断させる。

となると、必然的に自らの教義に反対する人々は悪魔の側、敵とみなされ、徹底的に排除されることになり、なかには、この世の法律よりも、自らの教義を優先させることで、反社会的な行動を引き起こしてしまうことにもなる。過去に起きた一連のオウム真理教(しんりきょう)の信者らによる事件などが、その好例であろう。

さて一方、カルト教団同様に社会問題化している悪徳商法を行う人たちはこの思考法をどのように使っているのであろうか。

30代の頃、俳優志望だった私のもとに「芸能事務所所属のためのオーディションを行う」

というダイレクトメールが届いた。参加してみた。セリフテストを受けると、数日後、「合格した！」という一報がきた。

所属契約を交わすために事務所を訪れると、契約を結ぶ段階で、事務所の男性は言った。

「入所金として、15万円がかかります」

あまりの高額に、私が契約するのを渋ると男は「これ以上、お金はかかりません」と言い、「この場でお金を払う約束をしなければ、合格を取り消します」と言ってくる。

せっかくの合格をフイにしたくない一心で、清水（きよみず）の舞台から飛び降りるような気持ちで15万円を払うことにした。幸いなことに、こんな連絡がすぐに入った。

「Vシネマのオーディションを受けてほしい」

合格すれば、俳優の仕事がくるというのでもちろん受けてみた。しかし、私は柄にもなく緊張してしまい、棒読みという大失敗の演技をしてしまった。

数日後、事務所に呼ばれ、「オーディションに落ちた」ことを伝えられた（いい演技をしても不合格だったに違いない)。しかも、話はこれだけで終わらずに、事務所の男はこう話し始めた。

「あんな演技じゃ使いものにならん。俳優になりたいのなら、私たちが勧める演技スクールに通え!」

その金額は50万円を超えていた。

私が「所属契約時に、これ以上、お金はかからないと言ったじゃないですか!」と抗議するも、男は「本気で俳優になりたくないのか!」と迫る。さらに金がないと言って断ると「俳優になりたいなら金の問題じゃない! 今すぐに、消費者金融で金を借りて払え」とまで言ってくる始末。正しい投資だと言わんばかりの顔つきだった。

結局、数時間も説得され続けた。

「(スクールに)**通うか、通わないか**」

「(お金を)**払うか、払わないか**」

二者択一をごりごりと迫られた。笑われそうだが、当時の私は自分の人生を俳優業に捧げる気が満々だった。本気だった。しかし、結局のところ断ったのは、どこかで冷めた自分がいたのかもしれない。

なぜなら、後で調べたところ、同じ事務所に所属した「目標：俳優」と大マジメに語る多くの人たちがこの手口で高額な契約をさせられていたからだ。

ここでは、ふたつの対立概念を使って説得している。それは、「理想」と「現実」である。最初にオーディションに合格させて、「君なら売れる俳優になれる」という、夢、希望といった「理想」を見せる。しかし、その後に別のオーディションを受けさせて、落ちたことをネタにし、いかに演技が下手なのかという「現実」を実感させる。

こうした**理想と現実のふたつを対比させることで、今、本人が何をすべきなのか**（演技の学校に通うこと）**を考えさせて、契約を迫ってきたのだ。**

夢や理想を人質に取ったような形で、強引に契約を迫るのはしてはいけない行為だが、一般のビジネスでも、自らの望む契約をさせるために、対立概念を用いて相手を説得することはよく行われる。

たとえば、語学スクールの受講契約を促す場合。

まず客が将来、どのようなスキルを身につけたいのかを尋ねる。相手の答えが「語学が堪能になって、ビジネスに生かしたい」という「理想」だったら、現在のスキル状態を、テストなどを通じて現状把握させて、どのような学習プログラムを組めばよいのかを提案する。

では、学習塾に子どもを通わせようという親にはどう接するか。

最初に子どもの親に「どの教科を何点くらい上げたいのか」「志望学校はどこか」を尋ねて、子どもに学力診断テストを受けさせる。その点数から、今の実力を把握させて、抱いている希望と現実がいかに乖離（かいり）しているかを示し、さらに原因と結果の関係を使い、苦手な点（原因）を指摘する。

そして「その弱点を克服すれば、良い結果をもたらせる」という話を展開しながら、具体的な契約話を進めていく。**ふたつのことを比較し、その違いを明確にして話すことで、わかりやすく、かつ説得力のある説明ができる。**

営業などでも自らが販売する金融商品の特徴を話すのに、まず「なぜ、儲かるのか」を話す。当然、リスクのない金融商品はないので、「どうなると損をしてしまうか」といった点もあえて公開し、相手に自分が信用するに足る人物だと思わせたうえで、「損得」のふたつに分けて話せば、相手に商品を売り込みやすくなるだろう。

また、新製品を販売・展開するにあたっては、それが消費者にとってどう受け止められるのかを知る必要がある。私は過去に商品の市場調査のモニターをしたことがあるが、リニューアルした缶コーヒーの試飲などをする際に、次のような項目を尋ねてくる。

ふたつのコーヒー（これまでのコーヒーと、新製品のコーヒーなど）を飲み比べて、「どちらが甘いか、苦いか」「酸味はどちらが強いか、弱いか」……。ある商品のパッケージを見せられて、「明るく感じるか、暗く感じるか」。この商品を150円で販売したら、「高いと感じるか、安いと思うか」など、その商品が消費者において、どのようなポジションにあるのかを知るために、対立概念を用いてくる。

こうして**物事をふたつに分解し、どんどん考えを深掘りさせていくことで、重大なポイントをあぶり出して、緻密な商品の販売戦略を立てられる**というわけである。

ただし、先にも述べたように、この思考法では、一方を善とし他方を悪とする。

当然、人は悪いままでよいと思う人はいないので、自然とこれを排除しようとする心が生まれる。先のオーディション商法で言えば、俳優志望の私にとって、演技の勉強をして夢に向かうのが「善」となり、それをせずに夢を失うのが「悪」となる。

芸能の仕事をしていくうえで、悪は排除されるべきものである。すなわち、**対立思考で選択を迫られている段階では、実は、一方の道しか進めないようになっていることが多い。**

この対立思考を使うことで、自らの意図する方向へ誘導できるが、この手法を強引に推し進めると、悪質な勧誘とみなされるので、使用する際には注意が必要だ。

6 スッと引くことで「この人を裏切れない」と思わせる

土壇場になって契約を渋る客に対して、悪徳業者はさまざまな手を使う。

たとえば、いったん相手を「突き放す」という手法だ。**客の心に揺さぶりをかけ、再び、意識をこちらに向けさせて契約締結を迫るのだ。**

私がある会員制クラブへの勧誘を受けたときのことだ。

高額の入会金を払えば、リゾートホテルが安く借りられるなどの説明を受けた。勧誘員は最初は優しく話していたが、肝心の入会契約を私がノラリクラリとかわし始めると、突然、口調が厳しくなった。

「あなたには将来の目標があるのですか？」

そんなこと他人のあなたに言われる筋合いはない。内心そう思った私だが、真に受けず、こうかわした。

「特にないですね。今を楽しく生きればいいかな？」

するとどうだろう。相手の目がたちまち吊り上がり、声を荒らげるではないか。

「主義主張もないのでは、幸せな人生は送れません！」

まさかそんな激しい口調で言われるとは。動揺した私は「社長になるという夢は持っているかな？」とその場を取り繕ったが、相手はさらに突っ込んでくる。

「何の社長になるつもりですか！」

咄嗟（とっさ）には答えられず、黙り込む私に、勧誘員は「そんな漠然としたことで、本当に夢が実現できると思っているのですか！」と畳みかけてくる。次第に追い詰められ、相手の質問に真摯に答えなければならない空気になったのだった――。

ビジネスにおける交渉においても、こちら側が真剣に話を持ちかけているのに、相手が曖昧な答えばかりで、話の土俵に乗ってこないときがある。そんなときには**いったん、相手を突き放してみる**といいかもしれない。もちろん、単に相手の心を逆なでするような言葉を発すれば良いわけではないが、状況が一変することがあるのだ。

テレビ番組に出演していて「なかなかうまい話術を使う」と思ったひとりに、お笑いコンビ「とんねるず」の石橋貴明(いしばしたかあき)さんがいる。私がとんねるずさんが司会をする番組に解説者として出たときのことである。石橋さんらがほかの芸人に怪しい開運商品などを実際に販売するというドキュメント・バラエティ、いわゆるドッキリ番組を通じて、視聴者が、悪徳商法などの手口に引っかからないように学べる演出になっている。

ドッキリのターゲットのひとりは、お笑いコンビ「バナナマン」の日村勇紀(ひむらゆうき)さんである。仕掛け人である石橋さんがプライベートを装って日村さんの楽屋に入り、「実はいいものがあるんだ」という感じで開運の数珠を紹介する。石橋さんに気を許している日村さんはすぐに2万円で購入した。

続いて、1本(500㎖)5000円の水も大量購入。だが、数十万円の仏像を勧められるとさすがに躊躇(ちゅうちょ)した。たいがいの仕掛け人はここで、「そう言わずに、どうぞ」とか「せっかくだから」とか言ってさらに契約を無理に迫るところだが、石橋さんの行動は全く別のものだった。

別室で、隠しカメラに映った2人のやりとりを見ていた私は驚いた。石橋さんは、あっさりと「じゃあ、いいや」と、仏像を引っ込めて、箱にしまったのだ。

これを見て、「うまい」と私は唸（うな）った。

案の定、仏像をさっさと引っ込められた日村さんは、「この機会を逃したら、商品が手に入らないかも」「（石橋さんと仲の良い）自分だけがキャッチできた情報かも」と急に焦り出した。

「もう一度、見せてもらっていいですか？」

自ら手を出して箱から仏像を取り出して、眺め始めたのだ。ほどなくして日村さんは仏像購入を決断したのは言うまでもない。

バラエティ番組とはいえ、この「やりとり」からビジネスマンが学べることは少なくないはずだ。

ただ同じ営業トークを一方的に続けていては、無駄に時間が過ぎるだけである。というより、煙たがられる。ウザいヤツというレッテルを貼られたら、「次」はない。だから、**ちょっと相手を突き放して、勧誘話の外へ気持ちを泳がせてみるのだ。**

ただし、このとき、大切なのは至誠を尽くして話した土台の上で行うということである。話が客の心に刺さっている場合、相手はブーメランのように自ら「話の土俵」に再び戻ってくることがある。そうなれば石橋さんのように好機を逃さず、自らの願う方向に誘導することもできる。

思えば、私が今まで会った営業センスに優れたビジネスマンの多くは、**客に対して一度攻めた後は深追いせず、わざと沈黙したり素っ気ない態度をしたりする人の心理を知り尽くしたテクニック**を備えていた。

より恩義のある人や上司から、この手法を取られると、ますますその威力は高まる。「これだけの大先輩が、話を持ちかけてくれたのに、断っては申し訳ない」という罪悪感にも似た気持ちが出てくるからだ。**これまでに、信頼関係を築いた人であれば、相手は期待を裏切ってはいけないという思いが強くなり、効果はテキメンなのである。**

7　「でも」「しかし」「だけど」は絶対に言わない

なぜ、振り込めサギへの警戒心が高まっているにもかかわらず、サギ被害件数は増え続けているのか。誤解を恐れずに言えば、それは、サギ師はサギ師なりに〝創意工夫〟をしているからではないか。技を日々、習得しなければ、アウトローの世界では食っていけないに違いない。

「会社の金を使い込んだので、穴埋めをしなければ、クビになってしまう」

地方在住の女性のもとへ息子を装う男から電話がかかってきた。

「息子はそんな悪いことをする人物ではないし、息子の声にしては少しおかしい」

女性は機転を利かせて、電話の相手にこうカマをかけた。

「お前の話は、振り込めサギみたいだね」

もしサギ師ならば、この言葉に動揺するに違いないと思ったのだ。しかし、相手は慌てるそぶりもなくこう答えた。

「そうなんだよ。なんだか偶然にも振り込めサギみたいになってしまってね（笑）」

その落ち着き払った様子にこの女性は、相手が本物の息子で「本当に、お金が必要なのだ」と思い込んでしまった……。

ここでは、サギ師は**相手の疑念を巧みに包み込んで返答する手立て**を使った。

高齢女性の言葉に反論することなく、「そうなんだよ」といったん受け入れたうえで、その疑念を包み込むような「振り込めサギみたいになってしまってね」という言葉で切り返した。これにより、高齢者は相手の言葉を信じる方向に誘導させられてしまったのだ。

ビジネスの場でも、相手から批判的な言葉が出てくることはよくある。

そのときに、どのような態度を取るかで交渉の成否が決まる。営業先で、こちらの意見を受け入れてもらえないと、つい「いいえ、そうではなくて」「でも、○○なんです」などと、すぐに反論したがる人がいるが、それでは話の終着点が見えず、交渉の決裂さえありうるだろう。

相手の批判じみた発言には、まずこちらがいったん譲歩することが必要だ。といっても、本当に引き下がるのではない。引き下がる姿勢を見せる。そうすると**相手は、こちら側の譲歩した姿に、自分の反論が相手の心に響いたと満足する。**しかし、実際はその言葉への切り返しをする準備時間をもらっているだけなのである。

それに、この姿勢を見せることで、応対する相手からの信頼を取り付けられて、話がスムーズに進むメリットもある。クレーム処理の対応で、ベテランとおぼしき人に出会うことがある。こちらが製品やサービスの不具合について、強い口調で不満を言っても、すぐには反論せず、「貴重なご意見、ありがとうございます」「おっしゃる通りです」と、いったん、こちらの話を呑み込んでから、次の言葉を話してくる。この対応をされると、クレームをする側も溜飲が下がった状態で相手の話を聞くことになるので、言葉が耳に入りやすくなる。

ただし、**クレーム処理の達人のように相手の話を包み込むには、気持ちに余裕がなければならない。**余裕とは、常に準備から生まれるもの。予想外のことが出てくれば、慌ててしまうゆえ、事前にどんな批判や反論をされるのかを想定しておく必要がある。今はサギへの警戒心が高まっているため、サギ師らも、サギだと気づかれる可能性があることを熟知している。だからこそ、それに対する答えを用意している。

ビジネスにおいても、たとえば金融商品の投資話で儲かるという話をすれば、「リスクはあるのではないか」というデメリットを尋ねられるのは、当然である。また何らかの情報サービスの会員になるように勧めれば、相手は途中でやめた場合の解約料などについて、心配になり、質問してくることも想定できる。

とすれば、そうした**質問に対する答えを事前に考えておく**。できれば、よくある批判、反論への答えはＦＡＱ（よくある質問集）にするなどして、事前に頭に叩(たた)き込んでおけば、すばやくベストな対応が取れるに違いない。これにより、どんな不測な事態に見舞われても、余裕を持って対応できるはずである。

ただ、ここで重要なポイントとなるのは、想定問答を丸暗記してはいけないということだ。一字一句覚えれば話し方は棒読みとなり、不自然さが出てしまう。就活の面接対策本の模範例を一夜漬けで頭に入れて答える学生と同じで、相手を信用させるには至らない。

問答の基本的な部分はしっかり覚えるけれども、後はアドリブを利かせるのがコツだ。**相手の質問の切り口や内容に沿って、基本の回答を自在にアレンジする。**そうした「アソビ」を持てるくらいに入念に準備をすることが、「交渉」には必要となる。

また、さらなるテクニックとして、契約前にはわざと相手に反論させるなどして、何かしらの膿（うみ）を出させておく手もある。たいがい、その場のノリで商品などの契約をした人は、ひとりになって冷静になったときに衝動買いしたのではないかという不安に襲われることが多い。

その思いが高まれば、キャンセルという事態にもなりかねない。その思いに対する対策として、事前に不安や不満といった膿を出させておいて、それをやんわりと切り返しておけば、もし不安な気持ちに襲われても、そのときの言葉が免疫となり、不安な思いを頭から排除できるようになる。

相手の批判・反論に対して、その思いを包み込んだような言葉で切り返すことはさまざまな局面で有用な方法なのである。

8 相手に「そうですね」「なるほど」しか言わせない

「それは振り込めサギかもしれませんよ」

銀行関係者からそう忠告されても、耳を貸さずに犯罪者に金を振り込んでしまう人がいる。

「今すぐ振り込まなければ」と、**ひとつの思いに心が支配されると、それを貫こうとする気持ちが働いて、他人のアドバイスは耳に入らなくなる。**

この行動を、一貫性の原理という。

これは、カルト団体の思想の教え込みでもよく使われる手だ。最初に教義を信じさせるのに成功すると、その後に団体の上層部が「人を騙してでも、神のためにお金を持ってきなさい」などと理不尽な命令をしても、信徒はその指示に従ってしまう。罪悪感を覚えたとしても、「教義を信じた」という一点において、一貫性のある行動を取ろうとする。

悪徳商法でもこの原理を用いて、契約まで誘導することはよく見られる。
ある被害例を見てみよう。

女性から電話で服飾関係の展示会へ誘われた男性は、見るだけの軽い気持ちで会場を訪れた。会場に入って間もなく、女性が、30万円のオーダーメイドのスーツを勧めたが、男性は「結構です」と購入を拒んだ。女性は相手の出方を見て、正攻法では契約しないと判断した。

「大変失礼ですが、どのようなお仕事を？」

女性が仕事を尋ねると、男性は警備員と答えた。ますますスーツを必要としない職業であったが、女性は購入の糸口を探るためにさらに質問を重ねた。

「警備のお仕事は、大変ですよね。今のお仕事をずっとされるおつもりですか？」

それに対して男性は、答えた。

「できたら、ほかにいい仕事があれば転職したいです」

「では、転職活動も？」

「はい、最近は結構、面接を受けているんです」

「面接などでスーツを着る機会もあるわけですよね」

「ええ」

ここでようやく購入の糸口が見つかった。そこで、女性は最初にオーダーメイドのスーツの必要性を説くことにした。

「仕事で人に会うときは第一印象が肝心だと言われますね。面接なんか特にそうですよね」

「確かにね」

「もし、似合わない不格好な服装をしていたら、印象はあまり良くないですよね」

「そうでしょうね」

「逆に、できる人は、自分に合ったスーツを着こなしているとは思いませんか？」

「そうですね」

「ビシッとした良いスーツが一着あれば、どこに出ても恥ずかしくありませんね」

「ああ、なるほど」

「ところで、お客様は、仕事ができる人の条件って何だと思いますか？」

「うーん、そうだな。決断力があって、意志を曲げないことですかね」

「仕事をするうえで、自分の意見がすぐに変わるような優柔不断な人は、誰からも信頼されませんよね。ビジネスマンとして、とても大切なことです。お客様は、どのようなタイプですか」

「まあそんなに偉そうなこと言えないけれど、どちらかと言えば一度、物事を決めたら意志は通すほうかな」

「男らしいですね。では、この先、やりがいのある仕事を見つけたら、バリバリ仕事をしそうですね！」

男性は褒められて、まんざらでもない表情をした。その瞬間、女性はすかさず聞いた。

「ところで、自分のお体に合ったオーダーメイドのスーツはお持ちですか？」

「いいえ、ないですね」

「では、一着くらいはご自分の体にぴったり合ったオーダーメイドのスーツをお持ちになったほうが……」

最終的に、この女性は男性にスーツの必要性を確実に植え付けながら、30万円もする高額なスーツを月々のカード払いで購入させることに成功したのである。

ここには、営業などに使えるポイントが随所に見られる。

女性は会話のなかで男性客から「転職活動中で面接を受けている」という言葉を引き出し、「面接は、第一印象が大事」「自分に合ったスーツが面接の好印象を決める」ということに、頷（うなず）かせている。

相手に肯定的な返事をさせながら、one by one（ひとつずつ）で話を積み上げて、「購入」という結論へ誘う。これは、質問に対して「はい」という同意を取りながら話を進める「イエスセット」の手法である。

これにより、契約への話を後戻りさせずに先に進められる。

この手法は、さまざまなビジネスの場で使えるが、ただ相手に頷かせるだけの行為では弱いこともある。

「はい」だけの答えに終始してしまうと、重要な契約をする際に「頷いた」「頷いていない」などという水掛け論になる恐れがあるからだ。そこで、相手にこちらの意図に沿った具体的な発言をさせる必要がある。

先の事例で言えば、「仕事ができる人の条件って何だと思いますか？」と尋ねて、「決断力があって、意志を曲げないこと」という言葉を引き出している。

一貫した話の流れのなかでは、相手は「優柔不断では、面接は受からない」「人からできない男という評価を下されたくない」という思いを持つので、こちら側の意図した言葉を誘導しやすくなる。

それに**重要な言葉を発すれば、自ずと責任が伴うので、相手はそれに沿った一貫した行動を強いられることになる。**もし男性が購入後、ひとりになったとき冷静になり、衝動買いしたかもしれないという後悔の念から、やっぱり購入をやめようかと考えても「一度、物事を決めたら意志は通す」を公言しているゆえに、その思いを口にできなくなる。一度、出した結論は、容易には変えられないものだ。これは特にプライドの高い男性に有効な手立てである。

それ以外にも、一貫性の原理を使えば、ほかの関連した商品を売りやすくなるメリットもある。スーツの契約をさせれば、ネクタイやワイシャツ、カバンなども併せて買わせることができる可能性がある。

一般のビジネス営業でも**顧客に購入の決断をさせれば、周辺商品の購入も自然と促せるはずだ。**仮に家を購入すれば、「より良い住まいにしたい」との思いから、太陽光発電や防犯設備なども一緒に購入・契約する可能性が高まる。

ネット通販でも、私たちがモノを買うと、購入後の画面に「このお店で買った人は、このようなお店でも買っています」という文字が出て、お勧め商品の広告が表示されるようになっている。購入という行為は、まさに客が「はい」と答えた言動であるゆえに、これを元に次の購入を促そうとする行動履歴を駆使した戦略である。**一貫性の原理を働かせたone by oneの購入により、客単価を高めた効率の良い販売にもつなげられるのだ。**

9　「Y字路」話法でどう転んでも良い流れをつくる

話が上手い人と下手な人の大きな違いは、会話の流れのなかで、いかに分岐点をつくって話題を誘導できるか否かにある。サギや悪徳業者の使う手口を見ると、このことをつくづく実感する。サギ師の話のうまさには思わず舌を巻く。

マイナンバー制度がスタートした2016年当時、システム障害によりマイナンバーカードが受け取れなかったり、同じ番号を2人に出してしまったりといった失態が次々に起きた。さらに、マイナンバー通知の封書がなかなか届かない事態も起こり、それに便乗するようなサギが多く発生。サギとは、こうした混乱状況につけ込むものだ。

役所の職員を名乗る人物が突然訪問してきて、こう尋ねる。

「マイナンバーの通知カードはきていますか?」

「届いていない」と答えると「1万5000円支払えば2時間以内に宅配で送る」と言われて支払ってしまったケース。また、サギ師が「マイナンバーの通知は届きましたか」と相手に尋ね、「マイナンバーの手続きを早くしないと、罰金を取られますよ」などと焦らせて、登録料名目でお金を騙し取るケースもある。

サギ師は、通知カードが届かないという混乱に乗じているわけだが、彼らの巧妙さは、二段構えでやってくる点にある。

電話や訪問で「このたびは、マイナンバーの件で混乱とお手数をおかけして申し訳ありません」と平謝りしながら、「マイナンバーが届いていますでしょうか?」と尋ねる。まず「届いているか、否か」のY字路をつくり、尋ねてくる。

そして「届いていない」と相手が答えれば「お金を払えば、すぐに調べて、送るように手配する」と言い、届いていれば「手続きには時間がかかるので代行します」と言って、費用を騙し取ろうとする。

通知カードが届いていても届いていなくても、どちらに転んでも対応できるようにしている。**話に分岐点をつくり、相手の答えに合わせてサギを働いているのだ。**

「自動音声ガイダンス」を利用したサギ電話がスマートフォンなどにかかってきているが、これも「Y字路」の手が使われている。

高齢男性の携帯電話に着信履歴があった。かけ直すと「あなたは、動画コンテンツに登録し料金を滞納しているので、支払わなければ民事訴訟を起こします」という音声ガイダンスが流れる。「料金を知りたい方は1を、心当たりのない人は2を」との音声の指示に従い、男性が「2」を押すと電話が相手にかかり、個人情報を聞かれたというのだ。

1番か、2番を押すように選択を与えているのだが、結局のところ、どちらを押しても業者に電話がかかる仕組みになっており、電話をかけた人はまんまと金と個人情報を取られることになる。業者は、話を一度分岐させながら、最終的には巧みに自らの意図する方向に導いている。

今は、新型コロナウイルスの蔓延(まんえん)で経済は停滞気味だが、今後、ワクチン接種が進んで世の中が「コロナ不況からの脱却」の方向になれば、「営業」に関しては確実に追い風になるだろう。

この流れに乗るためにも、「Y字路」話法は有効である。

顧客に「コロナ不況で、生活に悪い影響を感じていますか？」と尋ねて、話に分岐点をつくる。おそらく、多くの人は「はい」と答えるに違いない。まずは、多くの人が答えそうな方向に寄せて質問をしておくことが大事だ。

実際にコロナ不況による倒産の多さを例に挙げながら、「突然、会社の経営が行き詰まり、リストラなどで職を失う危険性はありますよね。それに、これから先の受け取れる年金が減る可能性も大ですし」と、資産を増やす必要を説いて、関心を持たせる方向に話を持っていく。このとき、**不安の中に希望を見せることも忘れてはならない**。仮想通貨のビットコインや株の価格などが上がっているなどの経済の明るい兆しを提供できれば、多少のリスクを冒しても投資をしたいという気持ちにも火をつけることができる。

一方、相手が「いいえ」と答えることもあるはずだ。実際に、コロナの蔓延により、逆に収益が増収となっている企業もあるからだ。となれば、当然、資産は増えているので、すんなりと、マンションや住宅、車などの高額な商品やサービスの契約を持ちかけることができる。

もしかすると、なかには「どちらでもない」と答える人もいるかもしれない。だが、ここでは話の分岐点をつくることが大事なので、『はい』か『いいえ』でのお答えを願えますか？」との二者選択で答えを迫るようにするとよいだろう。

分岐点「Y」から、「契約をさせる」という一致点「X」に導くためには、相手の答えが、「イエス」「ノー」にどちらに転んでもよいように、ダブルスタンダードの姿勢で臨む必要がある。

言うまでもないが、こうした「Y字路」戦略を駆使したサギは犯罪になるが、普通のビジネスで適正に使えば、経済の活性化のための一助になりうる。

第2章
「思い通りに人を操る」悪魔のロジック術

10 「フレームワーク思考」で視点を翻弄する

モノを売る仕事で最も緊張する場面は、商品の値段を提示し、契約をさせる最終段階である。それまで商品やサービスの説明を好意的に聞いていた消費者も、いざお金を出すとなると、本当に必要な商品かを真剣に考え出すからだ。

なかには、散々考えたあげく「やっぱりいりません」と断る人も出てくるだろう。この最終段階をいかに乗り越えて、契約を勝ち取るかが、悪徳商法のみならず、通常のビジネスにおいても、実績を上げるか否かの分かれ目になってくる。

消費者がこの最終局面で書面にサインをするのを拒んできたら、どうするのか。

悪徳商法ではさまざまなテクニックを弄するが、そのひとつに「**視点を変えて、説得する**」という手がある。

おそらく40・50代の方であれば、街頭で絵の販売会場に連れ込むキャッチセールスに声をかけられた経験があるのではないだろうか。

私もキレイな女性から声をかけられ、見るだけのつもりで、絵の展示会場に入ったことがある。画廊をその女性と一緒に見て回ると、「どの絵が気に入りましたか？」と尋ねてくる。あるリトグラフを指差すと、女性はその絵の前に椅子をふたつ置き、いきなり商談態勢に入った。女性はこう購入を迫ってきた。

「この絵を選ぶなんて、お目が高い。買ってみませんか？」

私がなかなか契約に同意しないためか、次にベテラン女性が登場して、言った。

「この絵の値段が、150万円とは高いですよね。でも、もし、この値段が3万～5万円くらいだったらほしいですか？」

それに対して、私が「それくらいの手頃の値段だったらね」と頷くと、女性は目を輝かせて「クレジットなら月々それくらいの値段で買えますよ！」と、ローン会社のクレジット表をめくり出す。

月払いの金額を提示して、手頃な値段で絵が手に入ると錯覚させてきたのだ。しかし、子どもでもあるまいし、そんな目くらましに乗るはずもない。すると、女性は次のように、「視点を変えて」きた。

「絵との出会いは運命です。一度しかない出会いを大切にすべきです。もう二度と会うことはないかもしれませんよ」

人生に一度しか出会えない運命の絵。一期一会だと強調してきた。より「高い視点」に私を立たせ、現在というときは一度しかないと思わせて、「買うのは今」とばかりに契約を迫ってきたのだ。

女性は畳みかけるように「絵は買いたいと思ったときに買わないと。絶対に後悔する」などと購入契約を迫ってきた。正直、私はこれらのトークにグラリときたが、何とか断って画廊を後にした。

また、ある20代男性は、女性勧誘員から次のような話術で高額な絵の購入を迫られた。まず、勧誘員は「私は現在30代です。20代の頃を振り返ってみて、悲しいことがひとつあります」と前置きした。それからこう情感を込めて言った。

「20代の頃は、毎日、飲んで遊んでばかりいて、思い出になる品物をひとつも残していなかった。今、人生を振り返ってみて、20代を生きた証しとして何かひとつでも、思い出の品を残しておければよかったと後悔しています。あなたには、そうした後悔はさせたくありません。あなたは、20代を生きた記念になるようなものを何か持っていますか？」

彼が首を横に振ることを想定していたかのように勧誘員は続けた。

「では、この絵を買うべきです。考えてみてください。飲み会では1回につき、数千円が消える。その1回分の飲み会代を我慢して、月に1度の絵の購入代金にあててはどうでしょうか。同じお金を出すにしても、20代の思い出の品をひとつでも残すことのほうが、すばらしいことではありませんか？」

10年先の未来から、今の自分の姿を見させて、購入への前向きな返事を勝ち取ろうとしてくる。これもまた、10年後という大きな視点に意識を移させたうえで、今の姿にズームインしていく手法である。

客の立場に立てば、セールストークの「視点」が変化したところでヤバいと思ったほうがいいことになる。「ストーリー」に乗せられて買ったモノはたいてい後悔するものだ。

とはいえ、売る側に再び戻れば、悪徳業者であれ、通常のビジネスであれ、客をそう簡単に逃すわけにはいかないだろう。

そこで、有効的なのが「フレームワーク思考」だ。**フレームワークで物事を考えるとは、まずは抱えている問題を大きな枠でとらえ、その問題を解決するのにふさわしい切り口を考えて、再びその部分へズームインして考えるという手法。**先ほどの「視点変化」に似た発想の転換を図って問題点をあぶり出して、解決へと導くのだ。

交渉などでは、契約を締結させようとすればするほど、視野がどんどん狭くなり、話が煮詰まってしまいがちになる。そこで、いったん目の前の話から離れて、会社あるいは、日本といった全体の視点から物事をとらえ直してみる。「今後、日本経済はどうなると思いますか?」「御社の今後の経営戦略は?」。そして、相手の頭の中に全体の地図を描かせながら、**契約を渋っている本当の理由を大きな視点からもう一度、あぶり出して、ボトルネックを解消させていく。**

以前、チラシ配りの仕事で、あるマンションの完成物件の販売会場に行ったことがある。相当数の部屋が売れ残っているようで、「死ぬ気で売れ！ このままでいいと思っているのか！」「危機的状況だ。今日、マンションを見に来た人は、全員、成約させろ！」と営業担当の責任者は部下を叱責していた。

そもそもなぜ売れ残ったのか。

駅から遠いわけではなく、繁華街にも近い。分譲価格も周りと比べて、さほど違わない。だが、その日、物件の部屋の床掃除をしていた私はある場面に遭遇して、売れない理由のひとつがわかった。

マンションを見学にやってきた中年夫婦は、日あたりの良さからその物件に良い印象を持っていたようだったが、押し入れを開けた瞬間にホコリが舞い上がり、窓を開けた途端にサッシの汚れが目に入ったことで、物件への嫌な印象を抱いたのだろう。表情が一変した。そそくさとマンションを出ていったのは言うまでもない。

おそらく営業マンらは、集客の方法ばかりに気を配り、肝心な紹介する部屋の押し入れなどの隅々まで清掃を行うといったところまで思いが至っていなかったのだ。

もちろん、マンションが売れない理由はこれだけではあるまいが、もし彼らが、フレームワーク思考で販売不振の状況をより大きな視点から多角的に分析していれば、こうした「掃除をしっかりしていなかった」という、販売不振の原因のひとつに気づき、売れる物件への改善に一歩近づいていたに違いない。

交渉や商談などで行き詰まったときには、フレームワーク思考をすることでうまくいかない原因を特定して、事態打開のきっかけを見つけることは大切なのだ。

ただ、もう一度、客側の目線に立てば、不動産に限らず、高額な商品を購入しようとするときは、フレームワーク思考を駆使した上手なセールストークに乗せられて浮き足立たないようにくれぐれも注意しなければならない。

11 原因を「シンプルな公式」に落とし込む

霊感商法の被害が多発したのは1980年代以降のことだ。

街頭のキャッチセールスや訪問などで、無料あるいは格安で占いや家系図を見てあげると話を持ちかけ、

「あなたは先祖の悪い因縁に縛られているから、不幸になる」

などと、霊魂による恐怖を煽り、高額な壺や印鑑などを売りつける。

その後、この商法への注意喚起がなされるなどしてだいぶ減ってきてはいるが、いまだに被害に遭う人は多い。「仏壇を見せてほしい」と高齢者の自宅を訪れて、運勢の鑑定を行い、

「祖先の祟りがある」

「早死にの相が出ている」

と言って、高額な水晶玉を売りつけていた男が特定商取引法違反容疑で逮捕されている。これまでに、100人以上から1億9000万円ほどを売り上げていたという。

霊感商法に勧誘される契機は、訪問や街頭キャッチなど、さまざまであるが、姓名判断による霊感商法を実行するサギ師の手口を見ていこう。サギ師のやり口を分析すると、そこには、**保険・通販業界など多くの業態で実施されている「販売の王道」的な方程式**が存在したのだ――。

偽占い師は来場した客の名前を紙に書き、それぞれの漢字の横に画数を書き、その数字の上に、赤いペンで○（吉数）や△（凶数）をつける。

私の名を例に挙げれば、「多田文明」という文字を紙に書き、「多」であれば、6画で吉数なので○をつけるといった具合だ。最初は、

「あなたのお名前は、総画数が23ですので、最高の運勢を持っています」

などと良い運勢を持っていると褒めてくるが、話が進むにつれて、偽占い師は深刻な顔をし始めて、次のように切り出す。

「物事が思い通りにいかない障害の相もかなり出ているので、気苦労が絶えませんね。何か悩みをお持ちではありませんか？」

客は親身になって占いを見てくれているとの思いから、つい内面に秘めている思いを正直に話してしまいがちになる。そして偽占い師は、相手の悩みを聞き出すや、ここぞとばかりに先祖の因縁を入れて脅し始める。「仕事がうまくいかない」と聞くと、

「お金が流れるという数字が出ています。あなたは、いい仕事につけません。それは先祖に人を騙したり、人のお金を盗んだりした悪い人がいるからです！」

また、「恋愛が悩み」と答えるとこんなふうに言う。

「あなたは幸せな結婚ができません。なぜなら、先祖に女性を不幸にした人がいるからで

す！」

さらに、偽占い師はこのままの状態では先祖の崇りによって、病気や事故などで人生が大変なことになってしまうと畳みかけてくる。そこで客が「どうしたらいいか？」と尋ねると、因縁から逃れる方法として、開運の印鑑や水晶玉、数珠の購入を勧めてくる。

霊感商法というと、ただ単純に霊を利用して恐怖心を煽っているように思いがちだが、そこにはしっかりした騙しのシナリオがなければ、いくら霊の怖さを訴えたとしても、相手の心には刺さらない。

先ほどの事例を見てもわかるように、勧誘者らは導入部分で、来場者に悩みを口にさせながら、不幸な人生ストーリーをつくり上げる。そこへすかさず、霊というスパイスを振りかけ、すべての不幸の原因は、「先祖の因縁にある」として、このままでは、さらなる不幸が訪れると説き、相手の心を先祖の因縁話でがんじがらめにする。

そこで偽占い師は、先祖の祟りの呪縛から逃れる方法として、「開運グッズを買えばいい」というシンプルな解決法を提示する。「そんなことで祟りから解放されるなら」と相手は購入へと気持ちが傾いてしまう。

本来、人生における問題は、複雑に物事が絡み合っていて、解決は容易ではないものだが、すべての原因を霊のせいにして、それを取り除けばよいとする簡単な話にしてしまうのだ。

この**複雑な事象を相手にわかりやすく理解させるために、話を単純にして自分を利するやり方**は一般のビジネスでもごく普通に行われている。

たとえば、保険などの勧誘では、セールス担当者はまず相手の既往歴や家族の病歴などを尋ねて、将来の病気への不安を聞き出すことが多い。そのうえで、細かい条件付きの死亡保険、がん保険、医療保険などの商品説明を一気にする。

聞きなれない医療用語や保険業界の用語（「告知義務」「満期返戻金（へんれいきん）」など）を大量に浴びせられた客はこの時点で頭の中が大混乱。そのタイミングを見計らうかのように、担当者はいくつかの商品を客に選択肢として与える。

保険情報の大洪水から一刻も早く逃れたい客は、その選択肢に飛びつき、ほかの選択肢を探すことをやめてしまう。担当者から、月々の掛け金を払い、○○保険に入っておけば、万が一の事態が起きたとしても手厚い保障があるので安心だという意識を植え付けられていることもあり、正常な判断がしづらくなってしまうのだ（ただし、そうしたセールスが霊感商法のように違法ではないことがポイントだ）。

将来の不測な事態への対処は、決してお金があれば十分というわけではないが、「保険に入れれば、その不安は解消できる」という話に単純化して、相手を納得させるこうした営業手法は、多くの業態で繰り広げられている。

複雑な物事を単純な形の公式にしてしまうことは、会社として売り上げを伸ばすためにも必須な考え方だ。よく売り上げの伸びる部門と、そうでないところには、**販売方法を誰しもが応用できるような、シンプルなマニュアル化ができているか否か**の違いがある。それさえできていれば、成功の再現が簡単にできて、売り上げを伸ばせるというわけだ。

実際に、霊感商法でも「先祖の因縁があり、それが人生をダメにしているので、それを取り払うための開運グッズを買えば救われる」というシンプルな解決策を公式化したために、勧誘をする人に話術の力量があろうとなかろうと関係なく、このパターンを利用して、速やかにターゲットに高額商品を売りつけることができたのである。

近年、ネットやテレビなどの媒体を通じた通信販売は大きな利益を上げているが、ここでも、シンプルなマニュアル化が図られて、売り上げを大きく伸ばしている。

まずネットやテレビなどで商品の宣伝をし、応募してきた消費者に無料、あるいは格安で商品を提供する。そして、消費者が商品を使い終わった頃に、再び電話をかけ、商品を使用した感想を聞く。そこで反応が良かった人には、セット販売を持ちかけて、商品のリピーターにしていく。

もしリピーターにならなかったとしても、客には、別の商品のパンフレットを送り、関心があれば、注文してもらうようにする。さらに、この注文を受けたり、販売を促すなどするテレフォンオペレーターにも、**顧客別の対応マニュアルが徹底されているため、どんな人にでも間違いのない対応を図れる**ことになる。

組織でも、個人でも、シンプルな形での勝利の方程式をどれだけ持っているかが、成功の鍵になるのだ。

12 「仮説思考」で相手の判断力を奪う

サギ師は状況に応じた手口で私たちを騙す「アドリブ的なシナリオ力」を持っている。つまり、臨機応変に手口を変えてくることに長けているのだ。

振り込めサギを含む特殊サギへの警戒が、さまざまなメディア、公的機関を通じて叫ばれている。それは彼らにとって〝逆風〟のはずだが、むしろそれに乗じて罠を仕掛けてくるのである。

たとえば、60代女性。警察官を騙る男からこんな電話がかかってきた。

「あなたのカードが偽造されています」

人はこうした権威ある立場からの言葉には弱いとはいえ、女性がすぐに電話の主を本物の警察官と信じ込んでしまったのは後述のような理由がある。

サギ師は「本人確認のため」と称して、まず女性の銀行の口座番号や残高などを聞き出し、次のように畳みかける。

「カードが偽造されているので、預金が引き出される可能性があります。お金を家に置いておいたほうが安全です」

そして女性を銀行へ向かわせ、250万円ほどを引き出させる。その後、女性が家に戻った頃を見計らって、次のようにシナリオ通りのセリフを囁き、金を騙し取るのだ。

「あなたの銀行でお金を引き出した人の中に偽札が混ざっていた人がいた。それを調べるために刑事がそちらに向かうので、お金を渡してほしい」

そもそも、なぜ「カードが偽造された」という言葉を女性が簡単に信じたのか。少し前に、次のようなニュースが話題になったからだ。

ATMシステムの保守・管理業務に携わった委託先の社員が、預金者の情報を不正に取得してキャッシュカードを偽造。口座から2000万円以上を引き出していたとして、神奈川県警により、逮捕されている。

こうしたニュースが流された後に、警察官を騙った男が「その銀行にまだ犯人の共犯者がいる」と電話をかけて犯行に及んだのである。

サギにおいてはさまざまなシナリオが準備されており、相手から聞き出した情報をもとに、どのような手口で騙すのかを考える。「この場合、こうすれば、金を取れるだろう」というプロットを考えるのだ。いわば仮説思考である。

仮説思考とは、言うまでもなく、仮のゴール設定をしてから、その実現への筋道を考えることである。結論を先に出すことで、これから行おうとすることの全体像をつかむことができ、効率良く作業を進められる。

先ほどのサギ事例で言えば、高齢者のもとへ警察を騙って電話をかけ、口座のある銀行名などを聞き出す。そのひとつに偽造事件になった銀行がある場合、銀行への不信感を煽れば、容易にお金が取れるのではないか。そのようなストーリー（仮説）を考え出す。

70代女性宅には、A社から架空の医療法人の事業債が購入できるというパンフレットが送付された。しばらくすると、ある業者から「これは、年金をもらっている人だけが優先的に購入できるようになっているものです。当社が事業債を高値で買い取るので、ぜひとも購入してほしい」という電話がかかってきた。

しかし女性は、これをサギの電話だと見抜いた。

そこで「これはサギでしょう」と言って毅然と断った。普通なら、これで撃退できたと思うはずである。ところがサギ師はこの思いを逆手に取り、次の手を考えて電話をかけてきた。

しばらくして、弁護士を名乗って女性宅に電話し、こう脅してきたのだ。「あなたはA社の社員が行った勧誘に対してサギ呼ばわりしましたね。A社は法律を守り、投資事業を行っている会社です。それにもかかわらず、あなたは社員をサギ師のように扱いましたので、名誉が傷つけられました。これは名誉毀損という立派な犯罪行為です」

「弁護士」からきっぱりとこう指摘され、犯罪行為をしてしまったと動揺している女性に、サギ師は先の事業債を購入すれば、この件を穏便に済ますと畳みかけ、数百万円を騙し取っている。

この事例では、サギ師らは「お金を騙し取るのに失敗した」という事態に直面するが、軌道修正し、新たな騙しのストーリー（仮説）を考え出したのだ。仮説というものは、仮の答えなので、それが失敗する（間違えている）こともありうる。それゆえに、**仮説に誤りを見つけたら、改善して新たな仮説を生み出し、よりよい解決策（正解）へと近づけていく。そして、その実現への筋道を考える仮説思考で、相手の心を奪うのだ。**

サギ師はこの手法を、金を騙し取るという行為に使っており、到底許すことができないが、この仮説を立てたうえで仕事を進めることは、ビジネスにおいては有効である。

仮説思考をする際、大事になってくるのは、現状で把握している情報やデータから導き出した解決策に対して「だから、何なのか」という突っ込んだ質問を自らにして、より精度の高い仮説にしていくことである。

これはよく「So What」などで考えろと言われる。**「だから、何なのか」「なぜ、そうなのか」を繰り返して考えることで、仮説を掘り下げていく。**それにより問題に対する根本原因がはっきり見えてきて、より優れた改善策を生み出せるというわけだ。

仮説をより深く掘り下げて考える方法にはさまざまある。たとえば、「イシュー・ツリー」（ロジック・ツリー）は、まず大きな問題を掲げ、「だから、何なのか」「なぜ、そうなのか」と問う。その結果を下にいくつか連ねて、さらにそれぞれについて「So What」を繰り返し、階層に分けながらツリー状に構造化していく。

これを使えば、**目に見える形で問題が整理できるので、自分の頭だけでなく、他人に説明する際にも理解してもらえやすくなる。**実は、前出のサギ師はまさにこの論理的思考で、仮説を立てていたのである。

「あなたのカードが偽造されている」と言っても、相手はおいそれとは信じないこともある。それは世の中でこれがサギの手口として広く知られ、注意喚起されているからだ。では、信じさせるにはどうすればいいのか？　「警察官」の肩書を名乗ればよいと考える。肩書に弱い高齢者が多いからだ。それでも信じなかったら？　そのときは、直近に起きたカード偽造のニュースに便乗したトークをすればいいかもしれない——。

たとえば、ドコモ口座が本人の与り知らぬところで勝手に開設されて、銀行口座に紐づけされたうえで不正送金された事件があった。みんなが不安になっている。では、そのニュースに便乗しよう。こうしたロジックをサギ師たちは組み立てるのだ。

一般のビジネスでも、こうした論理的思考は不可欠だ。

「なぜ、売れなくなったのか」と売り上げ減という問題の要因を考えたとき、「競合相手がいるために売り上げが落ちた」という仮説が立てられたとする。それはなぜかを考える。たとえば、宣伝や販売方法で競合相手に比べて何かが劣っていたのではないかという仮説をさらに立てる。そうすると対処法として他社製品との差別化をどう図るべきかのアイデアを具体的に練ることができる。

また、売り上げ減の要因が「商品の割高感だ」とすれば、「コストを抑えた価格を提示できないか」「セット販売で、割安感を感じさせられないか」と考えられる。あるいは逆転の発想で「値段を高くしても商品に付加価値をつけて、高級志向の人をターゲットにしたものにリニューアルできないか」などと考えてみる。

大事なのはロジック思考と、それによる準備をしっかりすることなのである。

13 最初は少しだけ「損」をしておく

ある求人サイトにメールマガジン作成のアルバイトの募集があった。早速問い合わせると業者は言った。

「自宅で1～2時間働くだけで月に10万円は稼げます」

言われた通りに登録料3000円を払い、仕事の契約をする。その後、業者の指示で商品を売るための広告文章づくりの研修を3日間ほど受けると、その報酬として数千円が口座に振り込まれた。

これが、正当なビジネスにも応用できるサギ師たちの「損して得取れ」戦術（後述）の幕開きだった。この研修が終わると、業者は別の業務があることを切り出した。

「実は、このメルマガ作成の業務はあまり儲からないのですよ。それよりも、自分のウェブサイトを開設して、そこで商品を販売したほうが収入があります。やってみませんか？」

聞けば、サイト開設費用として30万円以上必要だという。急な話に悩んでいると、業者はこんな甘い言葉を語りかける。

「もし開設費用分（初期費用）を稼げなかったら、全額返金します」

すでに研修を受けて報酬ももらっており、それなりに業者への信頼感を持っている。「全額返金」と業者が言うのは、商品販売に自信があるからなのだろう。今後、より大きな収入を得られるならば、これくらいの投資はやむをえないかと思い、契約に応じることにした。

その後、商品販売のホームページができ、文章作成の仕事が与えられて、数通送ると、口座に数万円が振り込まれた。しかし、それ以降は、一向に報酬が支払われない。

業者に問い合わせると、こう返答した。

「あなたの販売サイトへのアクセスが集中して、多くの人がウェブサイトを見られずにい

る。そのために商品が売れない状況になっており、報酬が出せない」

さらに、こんな新たな提案をする。

「サーバーの容量を拡張すれば、多くの人がアクセスして、もっと稼げるようになります。拡張費用には４００万円かかりますが、そのうち２００万円を当社が負担するので、残り半分を負担していただけませんか」

しかたなく２００万円の追加費用を払った後、業者から一度数万円が振り込まれたものの、それ以降は入金はない。再び問い合わせると、業者からは「あなたが書いた文章が下手だから」などと言われ、頭にきて全額返金の要望をしたが、業者は応じようとしなかった——。

これは虚偽の求人募集を掲載して、応募してきた人たちに悪質な勧誘で高額な契約をさせていた業者の手口だ。

こうした内職・副業商法は以前からあったが、より巧妙化している。昔は、ほとんど金にならない仕事を与えて、登録料金や手数料の名目で金をかすめ取ったり、「仕事前には研修が必要だ」と言って、高額なＤＶＤなどを売りつけたりする手口が多かった。今は、ネットを通じた悪質な副業商法が横行しているのだ。

冒頭のケースでも消費者庁が調査したところ、サイトを開設しても収入はほとんど得ることができず、サーバー拡張の事実もなく、業者が全額返金に応じたケースもなかったという。

なぜ、騙されたのか。

最初は登録料３０００円、次はサイト開設費用30万円、３回目はサーバー拡張費２００万円と、まんまとむしり取られたのは、実は**業者が相手の求めに応じたものを、ベストなタイミングで与えていたからにほかならない**。そのうえで悪徳業者は自らの意図する方向へと導いている。

消費者はお金がほしいと思って、求人に応募する。その気持ちにつけ込み、業者は少額の報酬を払うことで、信頼を獲得する。その土台の上で「もっと高収入の仕事がある」と持ちかけ、「稼げなかったら全額返金する」などの文句で、高額な契約をさせる。そして、ウェブサイトが完成した後に若干の報酬を払い、次にまた新たな契約をさせる。**小さな損をして、大きな得を取る手法を繰り返し、消費者を手玉に取っている。**

もちろん、騙そうとする目的を持っての勧誘行為は絶対にしてはいけないが、この「損して得取る」方法は、一般のビジネスでも行われている。

たとえば、新規出店の飲食店がＰＲのため無料クーポンや割引券などを配り、客を呼び込むのもそれにあたるだろう。店は割引して、客が望むように「おいしいものを安く」提供する。店はその1品だけでは損をするが、客は割引を受けたことで財布の紐が緩んでつい多めに注文したり、以後、常連客となったりする。

その結果、店は儲かるのだ。前出の被害者が徐々に額の大きい副業収入を得ようと思ったタイミングで、業者は若干の報酬や、「全額返金」「費用半分負担」といったエサで罠を仕掛ける。そのような消費者のニーズに合致した的確なタイミングが大事になる。
これを考えず、のべつまくなしに無料情報誌などでクーポン券を載せたり、路上で割引券を配ったりして客を呼び込んでいるだけの店は遠からず、閉店の憂き目に遭う。

「損して得取れ」を成功させるには、事前の戦略立案がとても重要だ。

私が以前講師をしていた個別指導塾では、常に新規入会の生徒をかき集めるため勧誘電話などの営業に力を入れていた。子どもが学校を卒業したり退塾したりしたら、収入が減るからだ。しかし私はほとんど営業しなかった。たまたま卒業生が少なかったこともあるが、新規より今いる生徒に継続して塾に通ってもらうことのほうが重要だと感じたからだ。

塾のお客さんは、生徒とその親である。相手がほしがっているのは、もちろん学力アップ。しかしながら、現実的に子どもの学力を一気に引き上げることは難しい。とすれば、まず力を入れるべきは、生徒や親との信頼、塾環境の整備である。

そのために、私は1時間半ほどの生徒の授業内容を親に連絡ノートで端的に伝えるように努めて、親が子どもの勉強ぶりをいつも見える形にした。また、子どもたちには誕生日であれば、少々自腹を切って文房具をプレゼントするなどして、他塾にはないような絆(きずな)を持つように努めた。さらに、学校内で先生に話せないことも、塾内では個別に聞いてあげるようにした。可能な限りの細やかな配慮をすることで、転校などよほどの事情がない限り、子どもたちが塾をやめることがない状況をつくり上げた。

こうした良い塾内環境をつくれば、「誰か、勉強したい人がいたら連れてきて」と子どもたちに言うと、たいがい仲の良い友達を誘ってきてくれる。

他教室が勧誘電話やテレアポやポスティングなどに力点を置いて新規生徒獲得の営業で汗をかく行為は、塾にとってはいわば投資でもある。私は、その時間的経済的な投資を、勧誘電話などではなく、マメで詳細な「連絡ノート」づくりなどにあてたわけだ。

何に投資して、利益を上げるか。この営業手法はまさに「損して得取れ」と全く同じ戦略を必要とするものだ。

もちろん、塾運営において、この手法で永遠に効果が出るわけではない。もし近所に大手の進学塾などができれば、競合分析を見直して、戦略を変える必要がある。

私たちを取り巻く状況は、日々変わりゆく。そうした状況のなかで、過去に成功した手法がいつまでも同じ形で使えるとは限らない。

相手（客）からの信頼を勝ち取るには、先の内職・副業商法のように、**常に相手が望むタイミングで「損して得取る」戦略を実行できるかが鍵となる。**状況の変化に応じて、物事の優先順位（プライオリティ）をどこに置くかを考えてアクションを起こすことで、最大の効果を引き出せるのである。

14 相手の悩みを「数値化」する

「人生に満足している」人は少数派に違いない。

容姿、収入……人は心のどこかに「こうだったらいいのに」という思いを少なからず持っている。普段は、こうした不満を意識していなくても（もしくは封印していても）、第三者から指摘されると、自分のなかの不満が一気に顕在化することがある。

高額な商品を売りつけようとする、街頭のキャッチセールスが行うアンケートには、次のような項目がある。

「あなたの生活の満足度は何点ですか？」

そう聞かれて、「100点満点です」と答える人はまずいない。たいがいは、60点とか、70点とか、無難な答えをするに違いない。

仮に70点と答えると、「足りない30点は何ですか？」と勧誘員は尋ねてくる。

「仕事をやめてから、次の就職先が決まらない」

「恋愛がうまくいかず、結婚ができない」

現状への不満や悩みを話すと、それを聞いた勧誘員らは、その足りない点数分を解消するための方法を指南してくる。

たとえば、高額な自己啓発セミナーへ勧誘する業者は、有料の講座を受ければ、ものの見方が変わり、思い通りの不満のない人生を送ることができる、などと言ってくる。**不平や不満といったネガティブな感情を聞き出し、それを埋め合わせてあげます、と言わんばかりに「商品」や「サービス」を売りつけてくるのだ。**

今もなお、高額な商品を販売する開運商法による被害が絶えないが、これもまた、本人の悩みや現状への不満につけ込む商法である。

私も以前に、ダイレクトメールに載っている金運アップのブレスレットを購入するために、電話をかけたことがある。しかし、相手の業者はなぜかすぐには注文を受け付けない。

「このブレスレットはオーダーメイドなので、あなたの悩みを聞いてからどの商品が良いかを判断します」

そのとき、私は「安定した収入がない」などとつい正直に悩みを話してしまった。業者は「お金が貯まらないのは、お困りでしょうね」と、心配するそぶりで、次のような提案をしてきた。

「あなたには金運アップのブレスレットが必要です。一番のお勧めは、ゴールデンルチルという石をあしらったブレスレットで40万円になります」

40万円という金額に、私が「高い！　無理です」と答えるも、しばらくはこの金額を押してきた。しかし男は諦めたのか、次に「パワーストーンを変えて、５万円ではどうか」と提案してきた。一気に35万円引きである。

ずいぶん、安くできるものだと思い、もう少し様子を見ていると、「４万円でどうでしょうか！」。それでも高いと言うと、次に３万円、１万円になり、最終的には、８０００円になった。結局、注文するだけで30分以上の時間がかかった。

こうした**悪徳業者らは、悩みを金額に置き換えて考えている。**「金額（数字）」を客が抱く不満や不安の大きさを測る尺度にしているのだ。そして、同時にこの数字が大きければ大きいほどカモ度が高いと判断する。

私に対して最初にブレスレットの値段が40万円という高い値段を提示してきたのは、アンカリング効果（最初に高い金額を言って強い印象を与え、次にそれより安い金額を提示すると購入しやすくなる）を狙ってのこともあるだろうが、そこには**悩みを数値化（金額化）して、私の深刻度を測る狙いもあったのだ。**

最初から安い８０００円の商品を勧めてしまっては、深刻度はわからない。

結局、値切りに値切り、８０００円で購入したので悩みは深くないと思われ、その後にはあまりしつこい勧誘はされなかった。

先に述べたキャッチセールスは、100点中何点の満足度かを尋ねて、こちらが70点と答えて、不満部分が30%と知ると、その内訳について、詳しく尋ねる。

「不足な30点分は何ですか?」
「仕事上の人間関係がうまくいっていなくて」
「それは大変ですね。その思いが大半を占めているわけですか」
「ええ」

30%のうち、15%が仕事関係に不満ありと知ると、さらに「〇〇さんは、気を使うタイプのようにお見受けしますが、ほかにも何かご苦労がおありでしょうね」と残りの15%についても尋ねてくる。

こうして、相手の中にあるネガティブな感情を次々にさらけ出させてくるのだ。ここにあるのは、悩みなどのネガティブ情報をパーセンテージにした数値化である。

言うまでもなくビジネスにおいても、数値化して考えるのは大事なことだ。それにより問題点がはっきり見えてくるからだ。「営業所の売り上げが上がらない」という漠然とした意見ではなく、具体的に、どの商品の売り上げがどれくらい減っているのか。

売り上げを上げている人と、そうでない人とのパーセンテージはどれくらい違うのかなど、数字にして表すことで、説得力が生まれてくる。

社内外に向けたプレゼンでも、不採用になったものの多くは、数値が曖昧になっていると言われる。そこには、どれくらいの期間に利益がどれくらい望めるのか、それに対するコストパフォーマンスはどれだけなのかなど、具体的な数字が欠落していることが多い。

私たちは不満や不平はただのグチと思って聞き流してしまうが、使いようは十分にあるものだ。**売り上げを伸ばした商品には、消費者からの不平・不満などの意見を参考に発想されたものも多い。**心にあるネガティブな思いを利用することで、大きな利益を上げることは可能なのである。

15 結論を出す「期限」を区切る

焦らないこと。

サギや悪徳商法に騙されないためには、これが大事である。向こうの手に乗って、焦らされてしまうと、冷静な判断ができなくなる。

サギ師が私たちを焦らせる手法はさまざまある。よく使われるのは**「○○しなければ間に合わない」と期限を切ってくる手法だ**。代表的なのは、還付金サギ。

70代男性は、市保険課の職員を名乗る男から「国民健康保険料を払いすぎており、還付がある」と電話で言われた。そして、その手続きのためと現金自動預払機（ＡＴＭ）に誘導され、機械を操作して２４０万円ほどを騙し取られている。この種の被害はなぜ減らないのか。

サギ師は、しばしば役所など公的機関の人間を騙る。そして、医療費や税金など「払いすぎたお金があるので戻します」という電話をかける。その際、こう尋ねる。

「あなた宛てに手続き書類を送ったのですが、届いていますか」

ウソの還付話なので、書類など送っていない。しかしこの話を真に受けた高齢者が「書類がない」ことを伝えると、相手は大変な事態が起きたというような声をあげる。

「今日が支払期限になっていますよ！　今日中に手続きをしなければ、お金が受け取れなくなります。大至急、還付金の手続きをしてください」

そして、手続きを早急に行うためにという口実でＡＴＭに高齢者を向かわせる（最近はサギに警戒を強める銀行ではなく、警戒度が比較的低いコンビニやスーパーなど人気（ひとけ）があまりないＡＴＭに行くように指示することが増えている）。

サギ師らは、高齢者を焦らせるために、まず相手の頭に「今日中に手続きをしなければ、お金を受け取れない」というルール（規定）を植え付ける。そのルールを信じ込ませるために、信頼のおける公的機関の人間を装って電話をかけるのだ。

このテクニックは、ハロー効果と言われる。

これは、**何かの出来事を評価する際、ひとつの優れた（劣った）特徴に引きずられることで、その他の物事への評価が低下（上昇）してしまい、すべてが優れている（劣ってい**

る）と判断してしまうことだ。

たとえば、医者や弁護士など尊敬されるような人から何かを言われると、無条件で相手を信頼し、その話を受け入れてしまいがちになる。また、ＣＭなどでも人気のあるタレントが商品の紹介をすると、視聴者がその商品をとても良いものに感じてしまうのも、この効果である。還付金サギでは、このハロー効果とルール設定（期限など）を利用して相手の行動を支配する悪巧みがなされるわけだ。

一時期、闇金融の強引な借金取り立てが社会問題になったが、彼らが使っていたのも、支払期限を切り、焦らせて金を取るテクニックだった。たとえば、お金を貸した数日後、電話をかけて「貸した金10万円を返せ」と迫る。しかし、そんなお金をすぐには用意できないと慌てる相手に対して、業者は「それでは利子分の数万円だけでも○日後までに払え」と強い口調で迫る。

借りた側は期限を切られることで、ほかに回そうと思っていた生活費などの資金を、業者への支払いにあてることになる。こうして、元金が返せないまま、利子だけを払い続けることになる。このように、焦らせることで、相手の時間を手中に収め、自らの意図する方向へと導くことができる。還付金サギでも、ルールで相手の行動を縛り、焦らせることで金を出させることができたのである。

もちろん、通常のビジネスにおいては、ウソの話で相手の時間を奪う（制御する）などの行為は厳禁である。ただし「期間限定の販売です」「タイムセール」などと、販売会社が独自のルールを定めて、**期限を切り消費者の購買意欲を掻き立てる方法**はよく見かける。消費者の目はこうした文言に釘付けとなり、自らの時間を割いて、購入するかどうかの判断をすることになる。まさに、消費者にルールを課して、相手の行動を支配する事例であろう。

この方法は、対外的だけでなく、社内向けにも使える。会社などでは、**独自の社内ルールを決めて、組織の引き締めを図る**ことはよく行われる。

「今月末までに○千万円の売り上げ目標にする」

こうした期限付きのノルマや目標もその類いに入るだろう。何にせよ、時間管理というものはなかなか難しい。社員に期限設定しないで自由に仕事をやらせているとたいていパフォーマンスは落ち、組織としての士気も上がらずに、売り上げが下がることもある。それゆえ、上司が部下たちを一定のルールで縛ることが必要になってくる。

かと言って、特にルールを詳細に明文化する必要もないケースもある。その代わり、売り上げを上げるために「自分たちがどうすべきか、考える」「『なぜ』を繰り返す」ことを社内の「文化」(社風)にしているところもある。細かくルール決めするのではなく、いわば「規範」を定めるのだ。そうやって社員一人ひとりが考える習慣ができ、自らにルールを課すことができるようになったら、その組織は強い。

前出のように**サギ師が実践する「ルール支配」で焦りを生み出すやり口は、相手にプレッシャーを与え冷静な判断力を奪う。**しかし、企業内で有効利用すれば、社員の頭をフル回転させて、新しい何かを生み出す力も持っている。

知り合いのライターにも締め切り間近となると、俄然(がぜん)、集中力が増し、執筆のスピードが上がる人がいる。焦りとは人によってはカンフル剤にもなりうる。ただし、プレッシャーに弱い人もいるので、さじ加減が必要になってくる。

16 ファースト・コンタクトは「つなぎ役」に任せる

私は、長年、悪徳商法などに誘われるまま「ついていったら、どうなるか」ということについて、取材をしてきた。

「儲け話があるから話を聞かないか」「会って話がしたい」

彼らは**勧誘するとき、事前に詳しい説明をしない**。

以前、名刺交換をした40代くらいの女性から「新規ビジネスの説明会があるので、来てみませんか」と誘われた。私は再三再四「どんなビジネスですか」と尋ねたが、「まずご自分の目で確認してください」という、はぐらかした答えが返ってくるだけであった。

説明会に行くと、携帯電話につける1万円ほどの小型の付属機器を販売すれば儲かるという話であった。

その販売方法は、こうだ。

勧誘者はまずこの付属機器をターゲットとする人物の携帯電話に近づけて、あるSNS（ソーシャル・ネットワーキング・サービス）を紹介する。その人物がSNSを通じて付属機器を購入すると、20%＝2000円のマージンが入る仕組みだ。

同じように、この購入者が別の人にSNSを紹介し、このサイトを通じて小型の機器を買うと、また購入代金の一部が、最初に紹介した人の手に入る。要は、SNSの紹介を広げれば、広げるほど、儲かる仕組みになっているというのだ。

この説明をした講師は締めくくりに「このビジネスに参加するには、代理店としての登録をしなければなりません」と、最後になって、このビジネスがマルチ商法であることを告げた。通常、マルチ商法では、参加するにあたり、特定負担金と言われる費用がかかるはずだが、ここでは何の説明もなかった。

説明会終了後、女性は喫茶店に私を誘ってきた。

喫茶店で私が「ちょっと質問してもいいですか？」と言うと、女性は困った表情を浮かべ、「このビジネスの成功者である男性が後ほど話をするので、その人に質問してほしい」

と言う。その男性は浄水器の販売で数千万円の利益を手にした人物らしく、女性はとにかくこの男性を持ち上げる。

それから間もなくして、男性がやってきて、このマルチ商法へ参加することのすばらしさを訴えた。

「私はこれまでにさまざまなビジネスを手掛けてきましたが、このビジネスは凄い！　まだ誰もこのビジネスのすばらしさに気がついていないので、今から始めればかなり稼げるはずです」

そして、こう言うのだ。

「今の期間は、1カ月以内に代理店契約をしてくれる人を3人以上見つけて入会させると、さらに数万円のボーナスも受け取れます。いいときに参加しましたね」

最後に「やればやっただけ、儲かる仕組みです」と言いながら、ようやく登録費用が20万円ほどかかることを告げた。ついに馬脚を現したのだ。その間、私を連れてきた女性は、ひたすら目を輝かせ、隣でしきりに頷く。そして、ことあるごとに、男性とともに「やってみましょうよ」と参加を促してきた。

マルチ商法では、説明会後、喫茶店などに連れ込み、2人以上で契約の説得にあたる。この勧誘手法は、説明をする先輩や成功者（アドバイザー：Adviser）のもとへ、橋渡しをする人（ブリッジ：Bridge）が、客（カスタマー：Customer）を連れてくることから、それぞれの英語の頭文字を取って「ABCテクニック」などと言われる。

この三者の形で勧誘を進める手法は、サギ・悪徳商法のいたるところで使われる。たとえば、霊感商法では、街頭のキャッチセールスや訪問先で出会った人（C）を、連れ込み役（B）が、霊能師役（A）のもとに誘い込む。

ここでは、連れ込み役のBの「つなぎ」（ブリッジ）という行為が重要になる。

水が上流から下流に流れるがごとくに、Aの説得役を「自分が足元に及ばないようなすごい人だ」と持ち上げることで、Cの客に話を聞かせるという流れをつくる。

このつなぎ役がしっかりと、話す人、聞く人の序列をつけることで、相手が聞く耳を持つようになる。野球で言えば、バントをして、一塁走者を二塁に進めて、次の強打者にヒットを打って点数を取ってもらうためのお膳立てをする形と言えるだろう。

ビジネスにおいて、ヒットや本塁打を打つような活躍も重宝がられるが、組織で仕事をするうえでは、複数の人が連携して安定的な契約実績を積み上げることも必要である。

Aの立場には、長年、仕事をしている経験者や上司などがそれにあたるが、時に、部下（B）でありながら、「現場に詳しいのは自分のほうだ」とばかりに上司をさしおいて、序列を無視して、客（C）に話す行為を見かけるが、これでは、客はどちらの話にウエイトを置いて聞けばよいのか、わからなくなり話に集中できなくなる。

あくまでも、つなぎ役は自らに与えられた役割のひとつとして割り切り、その職務に徹する必要がある。

連係プレースタイルで契約の説得を行う効果にはもうひとつある。それは、**つなぎ役がいることで、違った目線からの説得も可能になる**ことだ。

大事な点、重要なことを相手に訴えたい場合には、その言葉を繰り返して話すことが大事である。しかし、説得役（A）が契約まで持っていくうえで、重要なポジションだとはいえ、何度も同じ話をしたのでは、聞いている相手は、「またかよ」とうんざりした気持ちになるに違いない。

そこで、**つなぎ役（B）がいれば、説得役が強調したい部分を再度話し、契約をプッシュできる。**どうしても、商品紹介をする側は上から目線になったり、説得する側からの一方的な話になったりで、客の事情を無視した話になりがちだが、同じ目線の人（B）がいることでそれを防げる利点もある。

また、自分が他部署に異動する際、同僚や部下に客を紹介するといったつなぎが確実に行われる企業ほど、長いお付き合いができることは周知の事実だ。つなぎ役は、地味な存在であるが、人と人の懸け橋になる存在がいてこそ、組織としての機能をフルに発揮できるというものである。

17 過去の「顧客」に再びコンタクトを取る

失敗しない人など、この世にはいない。

仕事や人間関係において「ああすればよかった」という後悔の思いを誰もが持っているに違いない。特に、**お金にまつわる失敗は、より大きな後悔の念を残しがち**である。

サギや悪徳業者はそこへつけ込んでくる。

原野商法の被害者らが再び狙われている。原野商法とは、ほとんど価値のない土地を「必ず値上がりするから」とウソの説明をされて、時価よりも高い金額で購入させられるものだ。特に、土地の値段が上がっていた1980年代のバブル期に、被害に遭った人が多く、サギ業者らはこれらの被害者名簿を手に入れて、電話をかける。

数十年前に北海道の土地を購入した高齢女性のもとに、突然、業者から「海外の人が、あなたの所有地をほしがっています」という電話がかかってきた。

女性が業者の話を聞くと、「所有地を売却するためには、まずその土地の調査が必要になります」と言われた。

そこで、その費用として30万円を払ってしまっている。


この「原野二次商法」では、過去に高額で土地を買ったものの、そもそも二束三文の価値しかなく、処分できずに困っている気持ちにつけ入り、

「あなたの土地を、水資源やリゾート地として外国人が必要としています」

と囁きかける。そして、土地の売却のためには、

「まず、土地の測量や整地が必要になります」

「外国のサイトで宣伝します」

などと言い、その費用をせしめるのだ。なかには、土地の買い手がいることを信じさせるために、「買付証明書」なる書類を渡して、信憑性を持たせたり、もっと価値の高い土地との買い替えを口実に話を進めてきたりすることもある。

被害者の多くは、所有地から遠い場所に住んでいるため、おいそれとは現地に赴けない。そのため、どうしても業者に、調査などを任せなければならない事情もあるが、それにしても、なぜ、このような眉唾な話に多くの人が簡単に乗ってしまうのだろうか。

損得勘定のなかで、人がどんな行動を取ってしまうのかを説明しているものに、「プロスペクト理論」がある。プロスペクトには、英語で、「期待」や「見通し」という意味がある。

この理論を説明するのに、次のようなふたつの質問がよく用いられる。

ひとつが「何もせずに5万円をもらえる」場合と、ふたつ目に「サイコロを振って奇数が出れば50万円がもらえ、偶数が出ればお金はもらえない」という選択肢があったとき、どちらを選ぶかというものである。おそらく多くの人は、確実にお金をもらえる前者を選択するに違いない。

しかし、もし次のようなシチュエーションだったらどうだろうか。

自らが50万円の借金を抱えて苦しんでいたとする。そうした状況のなかで、同じ問いをされた場合、多くの人は、リスクの高い後者を選択してしまう。

つまり、**人は損失を抱えていない場面では、確実にお金をもらえるほうを選ぶが、借金をしていると損を取り戻し、それをゼロにしようとする行動を取ってしまうものなのだ。**

わかりやすいのは、競馬などのギャンブルであろう。

負けが込んでいない状況では、確実に利益を得ようと、人気のある馬を中心に、堅実な倍率の馬券を買う。

しかし、いったん負けが込んでくると、失った金を取り戻したいという思いから、当たるのがほぼ難しいであろう高倍率の馬（万馬券）に、お金をつぎ込んでしまいがちである。

そして結局、当たらずに、さらに負けが込んでしまう。

人は何事もなく利益を得られる場面では確実な道を選ぶが、損失を抱えた状況だと、リスクある選択肢を選んでしまうものである。

これを先の原野二次商法に当てはめれば、過去に土地を高値で買わされて、損をしている状態である。その損失を取り戻すため、相手が面識のない業者で、信憑性を確認できないリスクのある提案であっても、その話を受け入れて、お金を払ってしまうのだ。

過去にサギや悪徳商法の被害によく遭った人は、再び、儲け話を持ちかけられると、その話に乗ってしまい、さらに金を騙し取られてしまいがちといわれる。これも同じで、以前に失ったお金を取り戻そうとして、リスキーな選択をしてしまうのである。

ここで言えるのは、**人は「利する」ことよりも、「損をする」ことに、より敏感に反応する**ということだ。

2人の営業マンがいて、ある工場の経営者に最新機械の売り込みをしたとする。

ひとりはそれを導入することで、「生産性が上がり、いかに収益が上がるか」という、メリットのある話を展開する。だが、経営者は借金までして高額な機械を購入する決断にまでは至らない。

それに対して、もうひとりの営業マンは、機械の老朽化に目をつけて、次のような話を展開する。

「もしこのままこの機械を使って故障し、万が一、作業がストップしたら、納期までに商品が納められず、多額の損失を抱えることになりかねませんよ」

利益を得られる話ばかりしていても、相手の心には響かない。それよりも、いかに損をするかを話すことで、相手は話に興味を持つようになる。ビジネスにおいて、相手の状況次第で「○○すると、得をします」よりも、「○○すると、損をする」という言葉のほうが相手の心に響くものだ。

そして、「メンテナンスに莫大なお金をかけるよりも、ここで新しい機械を導入して生産性を上げたほうが、間違いなく売り上げが上がるはずです」と言えば、契約にグッと近づけることだろう。

営業マンのなかには、顧客から「当社は借金をしているから、新しいもの（新商品）にお金を出せない」と言われると、その言葉を真に受けてすぐに諦める人がよくいるが、それは早計である。

先の理論から言えば、新たな機械を導入するという**リスクを伴う意思決定は、置かれた状況に左右される。**

要するに、相手が借金をして、経営が厳しい状況であればこそ、「ものを買う」可能性も十分にあるのだ。

「利する」と「損する」をうまくコラボさせることで、さらに相手の購買意欲を引き出すことができる。

最近、通販サイトや旅行サイトを利用すると、知らぬ間に１０００円分のポイントがついていることがある。だが、そのポイントが利用できる期間は1カ月ほどで、それを過ぎると、失効してしまう。

私を含めた、多くの利用者は１０００円を儲けたとの思いから、「使わなければ、もったいない」という気持ちが生まれて、特に買う予定もないのに、商品などを購入してしまう。

これはまさに、**「得をした」という気持ちに、有効期限を決めることで、「損をしてしまう」という心理的効果を交えたもの**であろう。この手法は、ビジネスのさまざまな場に生かされているのである。

18 マイルールを押し付けて「罪の意識」を持たせる

相変わらずギャンブル系のサギの被害は多いが、一時期、ロト6などの数字を選択して買える宝くじに絡むサギが急増したことがある。ご存じの方も多いと思うが、ロト6では、6個の数字がすべて当たると1等になり、理論上、1億円の配当になるというものだ。

私のもとには怪しいスパムメールがよく届く。あるとき、「ロト6の攻略情報を教える」というサイトに飛ぶようになっているメールがきた。

そこでこのサイトに、名前、電話番号を書き込み、無料会員の登録をしてみた。すると、30分もしないうちに、業者の男から電話がかかってきた。

「ご登録ありがとうございます。会員様には、ロト6抽選日のお昼までに、5等（6個の数字のうち3個が一致：理論上の当せん金額は1000円）の当せん番号をメールにて連絡いたします。ただし、当せん番号を購入した結果については、会員様のほうから翌日に

必ず電話での報告をお願いします」

私が「わかりました」と答えると、男は「公益情報」なるものについて話してきた。

「公益情報とは、すでに決まっている当たり番号のことです。私どもは財団法人からこの情報を買い付けています。この情報を入手できるのは、全国でも7社しかありません。その1社が当社です」

そして業者が事前にわかっている当せん番号の情報を「買ってください」とでも言ってくるものかと思ったが、そうではなかった。男は「この話はまた機会を改めて」と言って、さっと切り上げた。

これは騙しの情報をさりげなく切り出すことで、私がこの話に乗ってくる人物かどうかを見分けるための〝試験〟である。私が懐疑的な姿勢を見せなかったので、業者はすぐに、5通りの「5等の予想数字」のメールを送ってきた。

そこで、私は売り場に行き、業者の言う番号を5口分買ってみた。そして家に戻り、その夜に行われるネットのライブ中継で、抽選会の様子を見守ったが、すべてハズレた。何とも役に立たない情報である。

翌日、私が業者へ電話をすると、男は平然とこう言った。

「あなた様にはＩＤ費用として１０００円を振り込んでいただきます」

無料会員であるはずなのに、金を請求するとは。本当はここで言い争いをしてもよかったが、これでは業者の手の内がわからないので、「わかりました」と言って、１０００円を振り込んだ。

入金後、再び男から電話がかかってきた。

「実は、以前にお話しした公益情報（当せん番号）への参加者募集を行うことになりました」

そして、具体的な公益情報の入手方法を説明してくる。業者はひと通りの説明を終えると「今回、ご提供できる公益情報は3等（6個の数字のうち5個が一致：理論上の当せん金額は約50万円）の当せん番号で、５００万円が当たります」と言い、情報料金として、

150万円を払ってほしいと言ってきた。

あまりの高額に私が「無理だ」と言うものの、男は言葉を続ける。

「ただし、あなたがこの情報を受け取れるとは限りません。まず参加の申し込みをしてもらい、審査に合格したうえでの情報提供になります。万が一、情報漏えいがあると問題になるので、あなたが秘密を守れる人かどうかを確かめなければなりません。これから、申込書を送りますので、すぐに返送してください」

メールで送られてきた参加申込書には、「いかなる手段においても第三者に開示しない」といった文言があり、情報内容をネットやマスコミなどに流さないことを約束させ、誓約を破った場合「損害賠償を請求されても異議なく支払うものとする」と書かれている。

盗っ人猛々(たけだけ)しいとはこのこと。これは申込書に名を借りた、口止め書類である。ロト6サギのような**情報系サギでは、守秘義務、情報漏えいなどの言葉で、周りへ相談するのを遮断しようとしてくる。**

実際に、勧誘を受けた人が守秘義務などの約束をさせられて、誰にも相談できない状態に追い込まれ、繰り返し金を請求されている。被害者は、みな第三者に相談してはいけないと思い込まされていたのだ。

たとえば、ある40代男性は4回にわたり、情報料名目で200万円以上を騙し取られた。

70代男性は、業者から「抽選前に2等（6個の数字のうち5個が一致し、さらに申込数字の残り1個がボーナス数字に一致：理論上の当せん金額は約1500万円）の当せん番号が手に入る」と電話で持ちかけられた際、業者は2等の当せん番号を伝えて、男性に翌日の新聞で確認させている。

翌朝、男性が新聞を見ると、確かに業者が言った番号が2等の当たり番号になっていたので、男性は業者を信じてしまい、8回にわたり約2700万円もの情報費用を払ってしまった。

これはネットですでにわかっている当せん番号を高齢者に教えて、当せん番号が事前にわかると信じさせて金を騙し取る、時間差を利用した手口である。

サギ師が使っている手法は、ものの見方に色眼鏡をかけさせるやり方である。

今は情報化社会である。顧客情報が流出したというニュースがたびたび取りざたされており、過去には名簿などの情報漏えいをしたとして逮捕される事案もあり、多くの人が個人情報の取り扱いに敏感になっている。

もし自分が漏えいに加担をしたなら、大きな罪が伴うという意識を持っている。そこで**サギ師らは、私たちに「情報は秘匿するもの」という眼鏡を心にかけさせたうえで「違反したら、損害賠償を請求する」と脅してくる。**これにより、消費者は、誰にも相談できない状況に追い込まれてしまうわけだ。

心の眼鏡について、的確に説いているのが、スティーブン・R・コヴィー著の『7つの習慣』(邦訳:キングベアー出版)である。ここには人がものを見るときには、ある種のレンズのようなもの(パラダイム)が存在し、それが自らの認識や行動、態度を決めていると書かれている。

パラダイムとはモデルや地図のことで、**私たちは、あるがままに物事を見ていると思い込んでいるが、実際には社会の中で条件づけされたレンズを通して見ており、これが私たちのすべての行動を方向づけている**というのだ。

前出のロト6に絡むサギ師たちは自分たちに有利になるようなレンズ(情報の守秘義務)を相手の心にかけさせて、繰り返し金を騙し取っているのだ。

さて、こうした『7つの習慣』の理論をベースにしたかのようなしたたかなサギ師の手口だが、正しい使い方をすれば、もちろんビジネスにも応用できる。

ビジネスにおいて、顧客が契約に前向きでない状況を打破するとき、相手の心にすでにかかっている眼鏡をはずして、新たなものをかけ直させる必要があるかもしれない。

『7つの習慣』では、私たちが現状を変えて、成功をもたらすためには、アウトサイド・イン（外から内へ）ではなく、インサイド・アウト（内から外へ）の考え方を持つ必要があるとも書いている。

私たちは物事がうまくいかないと、どうしてもその原因や責任を境遇や環境など外側（アウトサイド）に向けて考えてしまいがちであるが、そうではなく**原因を内面に求めて、それを改善していくことで、外的な成功へと導くことができる。**

このインサイド・アウトの考え方は、前出のような簡単には首をタテに振らない顧客を説得させるうえでも大いに役立つ。

客を説得させるのに、「好景気なので、儲かる」と外的な状況ばかりを話して、契約を促す営業マンがいるが、それだけでは相手の心は容易に動かない。相手を頷かせるには、もっとその人自身の内面に働きかける必要がある。

たとえば、高齢女性に〝減塩醤油（しょうゆ）〟を販売するある業者は、単に「塩分が控えめなので、血圧が高めの人でも安心で体に良い商品です」と言うだけではなく、高齢女性の心に次のように語りかける。

「今さら、健康に気を使う必要はないなんて……思っていませんか。おばあさん、この醤油を買うことは、健康に良いだけではないんですよ。この商品を使うことで、おばあさんがいつまでも健康で元気でいられる。そうすれば、お孫さん、息子、娘さん、みんながどれほど喜ぶことでしょうか。みんなにいつまでも元気な姿を見せてあげてください！」

単なる「健康になる」というだけではなく、その背後にいる家族を思い浮かべさせて「健康であり続けて、家族を喜ばす」という内面の気持ちに訴えかけて、販売をする。

営業先では、いかにこうした相手の心を変えるようなひと言を言えるかが鍵になる。**相手のパラダイムを変えるために、その人自身の「根っこ」にある気持ちを見抜き、価値観という眼鏡をいかに替えてあげられるか**がポイントになるのだ。

第3章
「相手をその気にさせる」悪魔のロジック術

19 「無料贈呈」や「返品ＯＫ」で負い目を感じさせる

空き店舗だったところに、突然、お店がオープンして、お年寄りらによる長蛇の列ができている。そんな光景を一度は目にしたことがあるのではないだろうか。

これは、ポストに「無料で日用品や食料品を配る」といったチラシを投函して、高齢者たちを店舗に呼び込み、従業員らが店で楽しい話をしながら、**来場者たちの気分を大いに盛り上げて判断能力を低下させ、高額な商品を売りつける催眠商法（ＳＦ商法）である。**

この手口は実に巧妙で、後述する高等な心理学を応用している。だから、騙される人が後を絶たない。

高齢者らを販売会場に呼び込み、がんに効く、膝の痛みが取れるなどの、ウソの効能を謳って高額な健康商品を販売していた業者に、東京都は業務停止命令を出している。この業者は100万円を超える金額の商品券を購入する形で特別会員になると、より安く商品が買えるとして、たくさんの商品券を高齢者らに販売しており、その額はひとりあたり平均で500万円を超えている。

私も過去に知人から、「無料でパンをあげる」と書かれたチラシをもらったので、催眠商法の現場に潜入したことがある。開場とともに、50人ほどの高齢者たちが店に殺到し、すべての席が埋まった。間もなくして、若い男女スタッフが登場し、中央にいる責任者らしき女性が大声で叫び出した——。

「ご来場、ありがとうございます！　これから、始まりのポーズいきますね！」

スタッフらは「アッ、ソレソレ！」と、掛け声を入れながら、右手を鳥のクチバシのように伸ばして、ダチョウのような恰好(かっこう)をして元気に踊りまくる。

すると、高齢者たちは孫の学芸会を見ているようなまなざしで笑い出し、一気に、会場の場が和んでいく。

踊りが終わると、女性が「まずは、チラシにあった通りの記念プレゼントをお配りします!」と言い終えるや、周りのスタッフらは一斉に会場を走り回り、全員にパンを配る。スタッフは汗だくだくである。

その一所懸命な姿を見て「ご苦労さん」などと声をかける高齢者もいる。

「それでは、商品の販売を致します!」

責任者の女性は1本の醤油を取り上げて、「このお醤油!」と叫ぶと、周りのスタッフも「このお醤油!」と声を合わせる。

「なんと、**無添加です**」

「**無添加です~**」

「**体に優しい醤油なので、高血圧の人も大丈夫**」

「**大丈夫!**」

「ポックリ、いきませんからね」
「ポックリ、いきません～」

高齢者らはどっと笑う。言葉を反復させながら、場を盛り上げていくのだ。

「本来、この醤油は１０００円しますが、皆様に長生きしてもらうために、１００円でご奉仕します。先着10名様のみです。ほしい方は手を挙げてください！」

すると、ちらほらと手が挙がり始める。私も値段が１００円と聞き、あまりの安さに手を挙げた。責任者の女性は手を挙げた人の数を数えて、「はい！　10人になりました！　ありがとうございました。それでは次は、この商品です！」と言って、塩が入った袋を取り上げる。これも市価の10分の１以下の値段で販売する。

こうして次々と信じられないような安さで食料品などを提供し、私はお煎餅やはちみつなど、５００円ほどでビニール袋がいっぱいになるほどのお得な買い物ができてしまった。

さて、この販売会の目的は何なのか？

こんなに安値でただ商品を売ったのでは、業者は儲かるはずがない。業者の目的は、まず参加者らを繰り返し販売会に呼び寄せて、そのなかから、金がある人に目をつけて個別に呼び出し、数十万円の高額な健康食品や掃除機、布団などを売りつけることにある。

この催眠商法では無料で商品を配り、格安商品（無料商品）を提供することで、相手に負い目をつくる。

私たちの心には、他人から一方的にモノをもらうと、自然とお返ししたいという気持ちが働く。これを「返報性の法則」という。業者はこの「お返しをしなければ」という思いを、過剰なサービスをすることで強く意識させる。そして、このサービスにより、消費者は業者の勧誘を断りづらい環境に追い込まれることになる。

催眠商法の業者に騙されないためには、業者からは、何ももらわない心がけを持つことが必要である。そのとき、モノだけでなく、業者からは親切心も容易に受け取らないようにする。

秋田県では、高齢者らを販売の目的を告げずに会場に誘い込んで、高額な健康器具を売りつけたとして特定商取引法違反の容疑で、男らが逮捕されているが、こうした商法の場合、販売目的を告げずに会場に連れ込むので法律違反になる。

しかし、事前に売る商品を伝えたうえでサービスする行為は決して悪くない。この悪徳業者から学べることは、**「徹底的に相手に尽くす行為」**だろう。

無料のパンを配るときは、汗だくで動き回り、踊りで笑いを提供するなど、我を忘れて他人に尽くすという行為は、相手に良い印象を与えられる。

一般の商品販売やサービスを提供するお店でも、多くの人を呼び込むために、「無料プレゼント」などの手法を使うこともあるだろう。デパ地下やスーパーの試食品も同じ狙いである。

「まずはお試しください。無料サンプルを差し上げます」

「30日間の試用後に、使い心地に不満なら返品可能」

「お得意様限定利益還元セール」
「保険セールスレディによるプレゼント攻勢」
など営業の方法も、この「返報性の法則」をベースにしたものである。

ただ、よくある失敗が、中途半端なサービスを提供してしまったため、業者側の見返りを期待しているという思惑が透けて見えてしまうことである。

私も無料プレゼント商品と言われて、手にしたものが、しょぼいものだったことがあるが、こうなると、間違いなく消費者の購入マインドは冷え込むことになる。

それに対して、催眠商法では、来場した客に汗を流して、無料商品を配り、自分が道化となり、「笑い」を提供し、格安で商品を販売する。もしそのサービス提供を受けただけで、帰る客がいても良しとする、見返りを期待しない姿勢を終始見せている。

中途半端なサービスは、中途半端な結果しか生まない。損して得取れと言われるが、徹底したお客様へのサービスこそが、大きな利益を生み出すのである。

20 まず与えて「自ら動きたくなる気持ち」にさせる

特殊サギの被害額が過去最悪になったのは２０１４年度の約５６５億５０００万円である。なぜ増えたのかといえば、「買え買えサギ」という、架空の未公開株や投資の権利を販売する売り手側と、「その権利を高値で買い取りたい」という買い手側の業者が双方から電話をかけて、消費者に購入をそそのかし、金を騙し取る手口が出てきたからだ。

たとえば、こうだ。

高齢男性のもとに、投資会社から「上場予定のA社の未公開株が購入できます」というダイレクトメール（ＤＭ）が送られてきた。その後、証券会社を名乗るところから「A社の未公開株の購入権利を持っている人を探している」という電話が入った。

そこで、男性が自らのもとにそのＤＭが来ていることを伝えると、業者の男は「それはすごいことだ！」と驚嘆の声を上げ「そのＤＭは地域限定の選ばれた人にしか送られてきていないもので、その株を買える権利があるなんて、すばらしい」と言う。

さらに証券会社を名乗る男は「ぜひとも株を買って、当社に売ってほしい。高値で買い取る」と言ってきた。高齢男性は突然の儲け話には半信半疑だったため、いったん電話を切った。

しかしその後も実在する証券会社など、複数の会社から電話がかかってきたため、男性は本当に儲かる話だと信じ込んでしまった。

そして男性は「購入価格の3倍で買い取る」と言ってきた証券会社を名乗る業者に株券を売る約束をしてから、投資会社に未公開株の申し込みをした。

数日後、高齢男性宅にやってきた男に100万円ほどを払うと、投資会社名義の預かり証が手渡された。そして後日、株券が郵送されてきた。この株券は全くの偽物であるが、高齢男性は本物と信じて、大切にしまっておき、買い取り業者からの電話を待った。

それからしばらくして、「買い取る」と言っていた業者から電話があった。しかし業者の男は「急に『株を買う予定だった相手が購入しない』というキャンセルの電話が入ってしまった。申し訳ありません」と言う。

落胆している男性に業者の男はさらなる提案をする。「株券の量が多ければ、買い手は見つかるはずです」と株の買い増しを促した。すでにお金を払っている男性にとって、後には引けない状況になっているため、業者の言葉を信じて、さらなる金を支払って、株を購入した。この手口を何度も繰り返されて、被害金額は数千万円にもなってしまった。

こうした買え買えサギの題材となるものは、未公開株だけでなく、金やダイヤモンドの購入権利やシェールガスといったエネルギー開発権利、国内での換金が難しい外貨取引などもある。

このサギのポイントは、「限られた人にしか、送られていないパンフレットだ」「あなたにしか購入できない権利だ」などと言って特別感を覚えさせることだ。

これは、デール・カーネギー著『人を動かす』（邦訳：創元社）で言うところの「重要感を持たせる」である。

人心掌握に関するテクニックにフォーカスした自己啓発本としてつとに有名な同書のなかで、**人を思い通りに動かすためには、「相手がほしがっているものを与え、自ら動きたくなる気持ちを起こさせること」**とある。人がほしがるものには、健康や食べ物、お金があるが、それ以上に求めるものが「自己の重要性」である。これは、「重要な人物だと思われたい」「他人から良い評価を受けたい」という気持ちである。

サギ師らは、複数の買い取り業者を装い、「あなたにしか買えない特別なもの」「この株や権利を手にすれば、あなたは儲かる」という言葉を高齢者らに囁きかけて、重要感を抱かせてくる。

というのも、現役をリタイアした高齢者にとって、普段の生活では、なかなか社会に貢献できる機会がなく、他者から認められることが少ない。平素は自己の重要感を覚えるようなことがあまりないために、どうしても、第三者からの「あなたは特別だ」という言葉に弱いのである。

架空の話で金を騙し取るのは、もってのほかだが、**ビジネスにおいては、相手に対して自己の重要感を刺激しながら、契約話を進めることは大事である。**ただし、それが、現在の仕事で上り詰めた地位や権威なのか、これまでに培ってきた実績なのか、あるいは家族のことなのか。人によってそのポイントは異なってくるので、相手の立場になって考えることが必要だ。

もちろん、普段の何気ない立ち居振る舞いで、相手に重要感を持たせることも忘れてはならない。

たとえば、**一度会った相手の名前を忘れずに話す。名前とは相手に重要感を持たせるのに、大切なものである。**また、相手と会うとき、別れるときに丁寧に挨拶をする。話の腰を折らずに、真摯に話を聞いて相槌（あいづち）を打つなど、相手を大事に思っていることをアピールする行為はさまざまな場所でできるはずである。

また、**人は相手から押し付けられた意見よりも、自分で思いついた意見を大切にするも**

のだ。それゆえ、営業などでは必死になって相手を説き伏せようとするよりも、相手に重要感を持たせながら、本人が思いついたように話を進めることも大事である。

この買え買えサギでも「本人に思いつかせる」という手が使われている。

前にも紹介したが、高齢者宅に、完成予定の老人ホームのパンフレットと入居権利申込書を届けておき、販売業者ではない業者から「この老人ホームに入居したい人がいるが、(自分たちのような)業者からの申し込みは受け付けてもらえない。入居権利を持っている人しかできない」と電話がかかってくる。

この話を聞いた高齢者は「自分が申し込めば、(販売業者を通じて、誰かの)人助けになる」との思いから申し込み、金を騙し取られてしまう。サギ師らは、高齢者らに「自分にしかできないこと」と思いつかせて、自ら申し込むように仕向けているのだ。

これまでのサギ商法では、長時間にわたる一方的な勧誘で契約をさせることが多かった。しかし、これでは「買ってくれ」という押し付けがましい勧誘になり、キャンセルが続出することになる。

そこで「買い取らせてほしい」というお願いの形を取ることで、消費者側は「売りつけられている」という意識が希薄になり、相手にサギの印象を与えずに済むことにもつながる。

どうしても、営業では相手に販売することに力をおいて行動しがちである。しかし、いっときの話で盛り上がって、契約をさせたとしても、客の心のどこかに「契約をさせられた」という思いがあれば、冷静になったときに心変わりしてキャンセルという事態に陥ってしまうことだろう。

口のうまい営業マンでありながら、契約後にキャンセルが多い人は、このあたりを注意してみることが必要かもしれない。**相手の立場で考え、「重要感」というアンカーをしっかり相手の心に打ち込むことで、無理やり感を覚えさせずに自ら契約したいと思わせることができるはずである。**

21 小さな「YES」を重ねて当事者意識を持たせる

チームを率いて束ねている人はきっと腐心しているに違いない。

指示を待つだけの受け身の部下に、営業成績を出すため、いかに主体的に物事に取り組ませればいいか、と。その際、有効になるのが傍観者的立場から、当事者目線に移す方法である。

以前、私はあまりにも肩凝りがひどかったためネットでマッサージ店を探したところ、「オーラで整体」という一風変わった店を発見した。2時間で1万5000円。少々高いが受けてみた。

施術は、30代とおぼしき2人の女性整体師が行った。異変は、彼女らが私の体をもみ始めて、すぐに起こった。

ひとりは「ゴホッ！　ゴホッ！」と咳(せき)をし、もうひとりは「ふぁ〜あ、ふぁ〜あ」と大あくびしたのだ。時間がたつうちに、この行動はエスカレートし、部屋中に激しい咳と、大きなあくびがこだまするようになった。

私が驚いて彼女らに視線を向けると、こう言った。

「あなたには悪霊がついています。私たちの咳やあくびは、あなたの邪気を私たちの体に入れて、追い出すためのものです」

40分ほどして、咳やあくびがなくなると整体師は「だいぶ、邪気は出ていきました。体がすっきりしたのではないですか？」と、耳元で囁く。肩のあたりを動かしてみると、あまり凝りを感じなかったので、私は「ええ」と答えた。

整体師は、その頷きを見て、「それでは、続きを行いますので、こちらへどうぞ」と私を別室に誘った。

女性整体師は、その部屋に用意してあった椅子に私を座らせ、自らもその前の椅子に座る。

「では、手のひらを上に、腕を伸ばして、意識を集中させてください！」と指示し、「あなたの気を受けます」と、私の手の上に彼女の手を重ねてきた。

すると、どうだろう。

女性はいきなり「肩が重い～」とトランス状態になって叫び始めたではないか。予想もしていない状況に私が驚くと、もうひとりの女性整体師が解説する。

「これは今のあなたの心の状態です！」

整体師が、「このままじゃ、やっていられねえよ！」と突然、口ぎたない言葉で罵り始めると、すかさずもうひとりの整体師の女性から質問が飛ぶ。

「彼女の言葉はあなたの魂の叫び！　思い当たりませんか？」

さらに、トランス状態の女性は「暗〜い。あなたの魂は闇の中にいます。自らの魂の叫びを聞かなければなりません！」と叫び出し、それに合わせるように、女性は「お悩みをお話しください！」と言ってくる。

そこで、私は「仕事が忙しいのに、お金がなかなか貯まらず、疲れだけが残りますね」などの答えをしておいた。この行為が終わると女性は「あなたの邪気はひどいので、治療の継続が必要です」と言う。

さらに、「両手を前に出して、（神様の）エネルギーを受け取りましょう」と新たな指示をする。

「わかりました」と言ったものの、これまでのなされるがままの施術とは違い、今度は自らが儀式に参加する行為だったので、恥ずかしさも手伝い、形だけのポーズを取った。しかし、女性は私の心が入っていないことに、怒鳴り出す。

「もっと一所懸命やってください！　それでは、エネルギーは入りません。手に意識を集

中させて！」

繰り返し、腕を伸ばすように指示される。長時間この行為を続けさせられるので、腕が疲れ始め、苦しくなってきた。限界に達しそうだったので、私は力なく首をうなだれ、本気でトランス状態に入って見せた。

女性はそれを見て、「いい感じで、エネルギーが入っていますよ」と上機嫌になった。私がさらに白目気味の行為をすると、女性は「はい、エネルギーが入りました」と言い、ようやく儀式は終了となった。

彼女らの目的は、邪気を払うという名目で、私をこの場所へ何度も通わせることである。

そのために、施術を受けるだけの立場から、エネルギーを受け取るという積極的な行為に関わらせてきた。ここには当事者目線に変えさせることで、私の主体性を引き出し、次回の約束を取り付けるという狙いがあった。

しかし、私は心の中で、「やらされている」という客観的に自分を見つめる意識を持ち続けたので、彼女らの罠にははまらなかったが、このテクニックを知らない多くの人は知らぬ間に相手の思い通りに誘導されてしまうことになる。

当事者目線にして、消費者の意欲などの主体性を引き出そうとする手法は、さまざまなビジネスの場で行われている。わかりやすいのは、テレビの通信販売であろう。

最初は、魅力的な話で商品の紹介をする。そのうちに、視聴者は商品に興味を持ち始める。すると、画面に「返品保証」の文字が出て、「使ってみて、気に入らなければ、代金をお返しします」などと、言ってくる。そこで、視聴者は、「ちょっと試してみよう」と思い、商品の注文をするという具体的な行動に出る。これは、最初は話を聞いているだけの傍観者の立場から、自らの意志と判断で商品を手に取らせるように仕向けて、契約をさせる典型例である。

この手法では、「フット・イン・ザ・ドア・テクニック」を混ぜて使うと、より大きな効果が得られる。これは**相手に簡単な依頼をしてそれを承諾させ、徐々にそのレベルを上げていきながら、大きな要求を飲ませていく心理的なテクニックだ。**

たとえば、金融商品の営業では、まず「資産をお持ちですよね」「今の税金は高いですよね」といった質問をして、相手から「はい」という答えを引き出す。そして、少しずつ質問のハードルを上げて、「老後の生活に不安はありますね、だとすれば、もっと資産を増やしたいと思いますよね」という質問に対する同意を取り付ける。このふたつのプロセスで客の「買う気スイッチ」を押すのだ。

さらに相手がどうすれば、資産が増えるのかを考え始めたところへ、具体的な金融商品への紹介をするのである。このように、相手が頷きやすい質問を繰り返しながら、徐々に問いかけのハードルを上げていき、具体的な行動へと駆り立てる。

一方、洋品販売の接客業などでよく見かける失敗が、こちらは商品を見ているだけなのに、いきなり、「試着もどうぞ」と突然、言ってくる店員だ。はっきり言って、ドン引きである。

こんな対応を受けると、私はすぐに店を出てしまう。まずは、相手の好みやほしいものを尋ね、気に入った服、予算などを聞き、最終的に試着という能動的行為に持っていくことが必要なはずだからだ。

ここで大事になるのが、**どの段階で、試着などの能動的な行動をさせればよいのかということ**。その見極めをしくじると、ドン引きという結果を生んでしまう。

相手が、物事に積極的に関わろうとすれば、自分がこの商品を使ったら、どんな結果になるのかを考える。とすれば、自ずと前向きな質問が出てくるもの。それを見逃さないことだ。

先の金融商品の営業であれば、相手が儲かる方法を知りたいと思えば、「パンフレットはありますか？」「どのような投資法ですか？」などと聞いてくるだろう。自らの考えを口にして、物事に関わり始めてくれれば、当事者目線に移させるサインとなる。

接客においては、相手が自ら商品を手に取り、具体的なことをいろいろ尋ねて、複数の商品を手に取り、比較検討してきたら、押し時に入ったと考えてよいだろう。**見ているだけの受け身の状態で、商品を推しても、相手は買わない。小さな同意を重ねながら、相手の買いたいサインを見極めて、大きな決断を促す行動に出る。**くれぐれも相手の小さな質問の変化を見逃さない目が必要なのである。

22 相手の性格を「モデル化」して会話を組み立てる

相手との心の距離を縮めるには、まずその人物との類似点を探し出すことが必要になる。

ある晩、女性から「あなたに無料招待券が当たりました」という電話がかかってきた。私はかつてネットの懸賞などにたびたび応募していたので、そのひとつかと思って話を聞くと、その女性は「招待券を送ったのですが、届いていますか?」と言う。招待券? そんなものは届いていないと告げると、「念のため、住所を確認させてください」と言ってきた。

後々、数多くの潜入取材をして知ったのだが、これは封書を送ったことにして、こちらの住所を聞き出す手口だ。当時、それを知らなかったので正直に住所を伝えた。すると今度は「数分で終わる簡単なアンケートをお願いしたい」と言い出し、「今、関心のあることは何ですか?」などの質問が始まった。

出身地を尋ねられたので正直に答えると、女性は「え〜、本当ですか！　私の出身大学もその県にあります」。

スポーツは何かしているかと尋ねてきたので、「テニスです」と答えると、この女性も「プロテニスプレイヤーの打つダウン・ザ・ライン（サイドラインに沿ってストレートに打つ打球）って、すごいですよね」などと、テニスに詳しい様子で、これまた共通の話題で話に花が咲いた。

冷静になって考えればヘンな話だが、そのときは彼女との共通点が多くなればなるほど、次第に心が通じ合ったような気になっている自分がいた。

数日後、私はこの女性に誘われて食事をすることになった。だが、そこで女性は馬脚を現す。本当の目的は、私に会うことなどではなく、勧誘することだった。私と会うや否や、宝石店に連れていき、そこで、執拗（しつよう）に１００万円を超える高額なネックレスを購入するように勧めたのである。

女性は電話での会話のなかから、私と接点のある部分をピックアップして話を盛り上げた。**人は、相手との共通点が多くなればなるほど、その人に興味を持つようになる。**その心理を利用して心の距離を縮め、最終的には、私に好意を抱かせるまでに至った。こうした恋愛感情を利用して、高額商品を売りつけるなどの商法はさまざまな形で行われている。

読者の皆さんも仕事で知り合った人と懇意になろうとするとき、その相手との共通点を探しながら話を進めているに違いない。また、仕事上で何かしらのトラブルに見舞われたとき、その事態に対処するため、**過去に経験したことがある似たような事例を思い浮かべ、今、目の前で起きている事象との共通点を探しながら、対処法を考える**こともあるだろう。

こうした思考法は、アナロジー（類推）と呼ばれる。

アナロジーは病気を治療する医者の姿を思い浮かべれば、わかりやすい。医者は、問診で患者から症状を聞き、過去に同じような症例がなかったかを考えて、病気の原因を絞り込んでいきながら治療法を考える。

最近、さまざまな健康番組を見ながら思うのは、名医と言われる人に共通するのは、患者の病状を的確に把握し、頭の中にある数多くの症例からアナロジーして、患者にベストな治療を施す点である。これはビジネスにおいても同じで「アナロジー力」は経験量に比例している。

冒頭で紹介したようなサギや悪徳業者らは次々に電話をかけ、失敗や成功を繰り返して経験値を数多く積むことで、どうすれば相手の心を最短距離で誘導できるかのアナロジー能力に長けている。違法行為を褒めることは絶対にできないが、これまで私はさまざまな悪質な勧誘業者の手の内にあえて乗り、ルポしてきたのでそのことを痛感している。

また、私はこうしたルポの積み重ねによって、サギや悪徳商法の手口について、人よりも多くの経験を積む機会に恵まれるとともに、おかしな話だが、知らず知らずのうちに、彼らの持つアナロジー能力も体得するようになった。

私はしばしばサギや悪徳商法の手口で芸人や役者をドッキリで引っかけるドキュメント・バラエティ番組の監修や解説を依頼されることがある。そのときにこうした経験が役立つことがある。

番組の引っかけ企画でよく採用されるのが、絵画商法だ。これは「絵を見るだけでいいから」と言って、販売会場に連れ込み、ひと通り絵を見終わった後、気に入った絵を言わせて、なし崩し的に商談を進める手口だ。

たいがいの芸能人は思いもよらない事態に購入を躊躇する。

そこへ悪質な販売業者になり切った役者さんが見事な話術で契約を迫るのだが、それでも相手が購入に前向きにならず、膠着（こうちゃく）状態に陥るときがある。そこで番組監修担当の私が過去の経験からアナロジーして、その事態を打開する方法をアドバイスする。

たとえば、お笑いコンビ・オードリーの春日俊彰（かすがとしあき）さんの場合。ご存じの方も多いと思うが、彼は無類のケチである。有名人になった後も、長らく家賃数万円の安いアパートに住んでいた。解説ブースにいた相方の若林正恭（わかばやしまさやす）さんも、「あいつはケチだから、家賃より高いものは買わないよ」と言っていた。

実際、春日さんは最初は絵の購入には前向きではなかった。ただ私は、テーブルに置いてある飴を次々と頬張り、つがれたアイスコーヒーをすべて飲むという彼の行動に着目した。「もらえるものはすべてもらいたい」という性格なのだろう、と推測できた。

ケチは、良い表現をすれば「節約家・倹約家」である。払うお金は少なくして、堅実にお金を貯めたいタイプだ。そこで、私が思いついたのが、「絵を買ってホテルに貸し出して、定期的に報酬を得る」というトークだった。これは過去に実際にあったサギ事例から、アナロジーした方法である。

騙し役の役者さんに春日さんに対して、次のように言ってもらうことにした。

「最初に絵の購入代金としての数十万円を持ち出すことになりますが、ゆくゆくはホテルなどへの貸し出しでお金が入るので、最終的にはお金が増えることになりますよ」

するとあれだけ後ろ向きだった春日さんは「それはいい話だね」という表情を浮かべ、購入に前向きになったのだった。

一方、ベテラン俳優の伊吹吾郎（いぶきごろう）さんの場合。入室時からテレビ番組「水戸黄門（みとこうもん）」の格（かく）さん役で知られる威厳のある声と、「見るだけ」の姿勢を堂々と貫いており、とても絵を買うという雰囲気にはならなかった。

スタッフの間にもとても購入は難しいという雰囲気が出ていた。

しかし、私は彼の一連の行動に「男気」というキーワードを見いだした。彼の言動には、面倒見のいい親分肌の性格が感じられた。そこでディレクターを通じて、騙し役の役者さんに次の話をしてもらった。

「この絵を買うことで、あなたが画家を育てることにつながるのですよ」

これを聞いた伊吹さんの購買意欲が次第に前向きになっていき、最終的に、気に入った一枚の絵の購入の契約をするに至ったのである。

まず相手の一連の言動から、その人となりをできるだけ正確に分析し、余計な情報を取り除いて、シンプルなモデルパターンにした。それは、春日さんで言えば「質素・倹約家」であり、伊吹さんであれば「男気・親分肌」である。そして過去の事例と突き合わせながら、今、何をするのが効果的なのかを考えたわけである。

ビジネスでも客にどんなアプローチをすればよいか迷ったときは、まず相手の性格や行動パターンを見抜き、シンプルな形にしてみることだ。

たとえば、「疑い深い性格」の相手であれば、信頼関係をつくりたいばかりにへりくだりすぎて、「お世辞を言う」「プレゼントをあげる」といったあからさまなヨイショ行為をすれば、逆に「何か、裏があるな」と勘繰られて、さらなる疑念を増すだけである。

とすれば、この相手には、こちらは「腹にイチモツ」ないことを伝えるために、自らの失敗談など恥ずかしい情報をわざと切り出したり、デメリット情報などを先に開示したりする必要がある。

逆に、相手が心に垣根のない人であれば、デメリット情報は先に出す必要はなく、相手の心がさらに開くようなポジティブな会話をして、何でも言える信頼関係から築いていくようにすることが先決になる。

現状分析からシンプルなモデル化をして、過去にストックされた経験知からアナロジーする。これにより、相手を誘導するためのベストな対処法が見えてくるものなのだ。

23「周囲もやっていますよ」と恐怖感を煽る

ひとつのブームが巻き起きると、私たちはそれに無関心ではいられない。多くの人がブームに乗ろうとする行動を取る理由は何なのか？　それは、単に好奇心が旺盛だということだけではなく、人と違うこと（流行を知らない、など）をして奇異な目で見られるよりも、**周りと合わせたほうがストレスなく日々の生活を送れる、**ということがあるのではないか。

「他人（時代）に置き去りにされる」という恐怖感や、「周囲と異なる環境にいる」という孤立感を、無意識的に回避している。

いわゆる同調行為だ。

この行為自体は決して悪いことではない。だが、こうした傾向の強い人は、どうしてもサギや悪徳商法の罠にかかりやすくなる。

業務停止の行政処分を受けた悪徳業者は、さも管理会社から依頼されて来た点検業者のようなフリをして古い団地に長年住む中高年宅を訪問していた。

「今、お使いになっている換気扇は古い型で、製造中止になる予定です。ですので、これから先、壊れた場合には取り替えられなくなりますよ」

もちろん、製造中止の話など全くのウソである。業者は住人の不安を煽り、次のように畳みかける。

「ほかの棟の住人はすでに取り替えていますよ」

その話を聞いた住人は周りも取り付けているという安心感から、1万5000円の換気扇を購入してしまう。

サギや悪徳商法では、「周りの人もやっているから、あなたもしたほうがよい」と言って、契約を迫ってくる。これはバンドワゴン効果（パレードを率いる楽隊車＝時流に乗る）と呼ばれている。**人はたくさんの人に選ばれている情報を耳にすると、多くの人もやっているという安心感から、そのことへ同調しようとする意識が働いてしまうものである。**

ただし、ビジネスにおいては、この「周りもやって（買って）いますよ」という営業トークだけでは、肝心な契約の現場では、「押しが弱い」と見なされることも多い。

それは悪徳商法も同じで、ある換気扇の業者は、次のような手も使う。

マンション管理会社を装った業者は、引っ越して間もない人の家を訪れる。そして、換気扇の点検をしながら、「換気扇のフィルターを取り付けたほうがよいですね」と言う。

その理由として、こう語るのだ。

「このまま放っておくと、換気扇が油まみれになり、油が料理にも混じって、体に害を及ぼすことになる。また、その汚れが原因で、ゴキブリも大量発生して、マンション全体の不衛生につながります」

そして、こうも付け加える。

「このフィルターを取り付ければ、換気扇が汚れません。ここのマンションの人は全員、このフィルターを買ってくれていますよ」

冷静に考えれば、全員買っているわけがないのに、これを聞いた住人は、「周りの人に迷惑をかけてはいけない」との思いから購入してしまう。

業者は「周りの人々もやっている」理由にまで踏み込み、周辺に与える影響を強く意識させて、決断を促すのだ。

この手法は、霊感商法でもよく使われており、前にも紹介したが、霊能者や鑑定士を名乗る人物が家系図をつくりながら、家族や親族などの病気や事故でなくなった人の状況を聞き出して、「あなたが信心深くないと、あなた自身だけでなく、周りの人が悪因縁で次々に病気や事故に遭ってしまうかもしれない」と話す。

これを聞いた人は、「愛する人たちに不幸なことが起こってはいけない」との思いから、因縁を払うための商品を買うことになる。こうした手口には、周りを気遣う優しい人が騙されてしまいがちになる。

ビジネスにおいても土壇場で契約しない客に対して、その人の周辺事情に目を転じて、話を切り替えてみると、契約成立する糸口が見えてくることが往々にしてある。

一番わかりやすいのは、保険などの勧誘であろう。

本人が今はとても健康であっても、もし病気や事故などに遭えば、周りの家族に迷惑がかかることになる。そこでその万が一のときに備えて多少の負担にはなるが、お金を払い、生命保険に入る。火災保険や、地震保険なども同じことである。

これも前に紹介したが、塾なども入会するための契約にあたって、まず体験授業などで子どものやる気を出させ、それから「お子さんはとてもやる気になっています。入会しないとせっかくのやる気をそいでしまいます」と、親への説得にあたる。あるいは、その逆で子どもが乗り気でなければ、親に子どもの学力不足を指摘しながら、塾通いの必要性を説き、その後に子どもに学習意欲を促す。

この周辺事情に目線を変えて説得することは、同調行為を重視しがちな日本人には、極めて効果的な手法となるのである。

24 結婚や恋愛への「焦り」を利用する

「家賃収入は老後の年金の足しになる」――日本経済が先行き不安のなか、何かしら貯蓄を増やす方法を見つけたいと思う人の心を悪徳業者はくすぐってくる。働き盛り世代が気をつけたいもののなかに、悪質な投資マンションの勧誘がある。

マンションの購入金額は高いために、販売員らがターゲットにするのは、それなりに貯金を持ち、高額なローンを組めるビジネスマンやＯＬである。そこで、販売員らはこうした年収の高い人たちとのつながりを持つために、彼らが闊歩(かっぽ)していそうなオフィス街で名刺交換を持ちかける。ゲリラ営業だが、これに引っかかる人が案外多い。

私も以前、路上で20代男性と名刺交換に応じたことがあるが（そういう勧誘にあえて乗ってみるというテーマで取材していた）、そのしつこさは尋常ではなかった。名刺交換をするや否や、男はおもむろに聞いてきた。

「投資マンションには興味がありますか？」

「まあ、そうですね」（曖昧に返事）

「もし、ご興味がおありなら、詳しい説明をさせていただけませんか」

「………」

「明日はいかがでしょうか」

あまりの性急さに戸惑いながらも、了解すると、今度はこう尋ねてきた。

「年収はおいくらでしょうか」

話を聞けば、マンション購入にはローンを組む必要があるので、それなりの年収が必要だというのだ。しかし見ず知らずの人が数多く往来する路上で、個人情報である年収を聞き出そうとは大胆不敵かつ失礼千万。

答えずにいると、「500万円以上ですか」と具体的な数字を挙げてくる。そこで「まあね」と、ぼやかした返事をして何とか、その場をやり過ごした。

しかし、その日の夜にも男からケータイに電話があり、私の仕事の状況などを根掘り葉掘り聞き出そうとしてくる。取材目的とはいえ、あまりにもしつこい行動に嫌気がさして、明日の会う約束を取り消したのだった。

幸い、私が渡したのが、携帯番号だけを記した個人用の名刺だったので、その後に電話がかかってきても、居留守を使って出ないことで勧誘を諦めさせることができたが、もしこれが職場への直通番号が載る名刺だった場合、執拗な勧誘電話がかかり、かなり迷惑したに違いない。

過去のひどい事例には、本人が職場に不在でも、電話に出た全く知らない人にも勧誘を始めてしまい、フロアにいる全員が迷惑するといったこともある。

投資マンションを販売する悪徳業者は、**婚活サイトやマッチングアプリを利用して、相手に恋愛感情を抱かせたうえで契約させる**、デート手法を使った勧誘を行うこともある。

たとえば、ある30代男性は、婚活サイトで知り合った女性とメールの交換をして、デートした。その後、女性から不動産業者の男性を紹介され、2500万円を超える投資用マンションをローンで購入する羽目になる。

また、40代女性は、SNSで知り合った男性と何回かデートをして、結婚を意識させられた後で、投資用マンションの購入を勧められて、やはり紹介された不動産業者と2800万円もの契約をした。

悪質な販売業者は、多くの人がネットを通じてコミュニケーションを取っている点に目をつけて、そこに罠を仕掛けてくる。販売員らはSNSや婚活サイトにまず登録して、ターゲットにした異性に「あなたがとても気になっている」というメッセージを送りアプローチをする。

その際、相手の気を引くために、美男美女がこの対応にあたることが多い。またこの手の被害には、結婚を意識したOLたちが遭いやすいが、販売員らは結婚相手に適した安定した職業をサイトに書き込むなどして、彼女たちが興味を示すようにも仕向けている。

こうして実際にデートにまで至るわけだが、最初のうちはマンション購入への勧誘話はせず、相手に恋愛感情を抱かせることだけに専念する。そして、デートを重ねて、異性がこちらに十分に恋心を抱き信頼してきた段階で、「〝私たち〟の老後の資金」「憧れの不労所得」のためなどと称して初めてマンションへの投資を持ちかけるのだ。

しかも、この異性の販売員は直接契約の勧誘はしない。「知人に不動産会社の人がいる」と言って、次の販売員を紹介し、マンションの契約へと進ませる。つまり、この手口では、**恋心を抱かせて投資話を持ちかける人物と、実際に契約をさせる人物とを使い分けることで、契約達成の効率性を上げている。**

この業者の場合、本来のマンション販売の目的を隠して近づいてくるので、極めて悪質な勧誘と言えるが、よく考えると業者の手口はある意味手堅い。婚活サイトのメールで関係づくりを始め、デートを何度も重ねるなど、手間隙(てまひま)かけて地道にやっている。

また、彼らは一般のビジネスにおける交渉・取引術をも活用しているように見える。とりわけ営業で言う「クロージング」にあたる部分。婚活サイトを端緒にじっくり人間関係を構築したうえで、不動産のプロフェッショナルへと橋渡しをしている。

これは各スタッフの役割分担を明確にして、自らの責任を全うしながら、「チームプレー」で契約締結へと話を進ませる、いわばロール・プレイ&連携の営業だろう。

ひとりでマルチに、すべてのことを行うには限界があるし、効率も悪くなりがちである。もし相手が契約や交渉を拒否するような不測の事態に陥ったとしても、互いに組織として知恵を出し合い、フォローし合えれば契約に持っていくことも可能になるはずである。

事前に理想とする契約までの流れをつくっておき、各部門のスペシャリストに役割分担させながら、スゴロクのように次のステップへ進ませる。それにより、相手の事情に振り回されることなく、こちらのペースで勧誘話ができ、スムーズな契約のゴールへと至らせることができるという算段なのである。

25 「NO」を逆手に取って言いがかりをつける

断っているのだ。いらないと言っているのだ。それなのに、結局、金を払ってしまう人がいる——。

巧妙なサギのひとつに「名義を貸してほしい」と頼み込んでくる手口がある。

名義を貸せとは……。怪しすぎる。にもかかわらず、引っかかるのはなぜなのか。何度か紹介した、ある事例の手口で断ったら、どうなったか。

「老人ホームへ入所する権利の名義を譲ってくれないか」

高齢女性はある業者から電話を受けた。女性はきっぱりと、「必要ありません」と断った。業者は「入居を待っている人がいるので、その権利を譲ってほしい」としつこく懇願したが、女性は「結構です」と一切応じずに電話を切った。

女性としては、しっかり撃退したはずだった。

ところが数日後、別の男から電話がかかってくる。

「あなた名義で老人ホームの入所の権利の申し込みがなされました。これは、名義貸しという犯罪行為です！　このままだと裁判になります」

などと畳みかけられて、トラブル解決の名目で、数百万円払ってしまっている。

なぜ、女性は騙されたのか？

理由のひとつは、犯人側の一方的な主張で攻められたことにあるだろう。グルになったサギ師らは、女性に対して「あなたは老人ホームへの入居権は『いらない』と言いましたよね」と強く主張したらしい。

そのことで業者は「女性が権利を放棄した。その権利を譲り受けた」と勝手に判断。「あなたの名前で老人ホームの入居権の申し込みをした」と強弁するのだ。電話口で「犯罪行為だ」「裁判だ」といった高圧的な言葉を浴びせられた女性は冷静ではいられなくなったのだろうか、結局、丸め込まれてしまう。

誰がどう見ても、これは完全な言いがかりだ。

たとえば、店員が2種類の服を勝手に出してきて、どちらが良いですか？　と尋ねる。客が「左の赤い服は買いません」と言うと、店員が「それでは、左の赤い服がいらないということは、右の服をご購入するということですね。お買い上げ、ありがとうございます」などと一方的に言って、服を包装し始めるようなものだ。「おいおい、誰も買うとは言ってないぞ」となるに違いない。

こうした具体的な行動を目にすれば、おかしな言動はわかりやすいが、電話上での話のやりとりだけだと、とんでもない論法を展開されながらも、そのおかしさを指摘できずに、相手の口車に乗せられてしまうことは起こりうるのかもしれない。

騙された理由のふたつ目は、サギ師らの怪しい勧誘を「きっぱり断った」ことでトラブル回避できたという女性の気の緩みにあったのかもしれない。「防御できた」つもりが、実はできていなかった。安心感が突如崩されてしまったことでひどく動揺したに違いない。

多くの人はサギや悪徳商法とおぼしき電話がかかってくれば、「結構です」「いりません」とはっきりと断れば、撃退できると考える。確かに、この言葉は、サギや悪徳商法を追い払う「切り札」となりうる。

しかし、**「しっかり断ったので、大丈夫」と安心している気持ちを崩されると、一気に動揺してしまう**。すなわち、サギ師たちは私たちの「切り札」を崩すことで、冷静な判断ができない状態に追い込むのだ。

もし、切り札を切ったとしても、もうひとつの切り札をあらかじめ準備しておく。そんな準備が私たちには必要なのだ。とりわけ、ひとりで暮らしている老親などには。

もうひとつの切り札。それは、先の名義貸しの電話を受けた女性の場合で言えば、「断る」

という切り札だけでなく、警察などに通報しておき、今後のアドバイスを受けておくことだろう。もし、再び電話がかかってきても、その助言で対応するという、**別の切り札を準備しておけば、動揺して騙されることもなかったはずだ。**不審電話があった時点で、被害に遭わなかったとしても警察などに通報することは大事なのである。

26 「曖昧な記憶」につけ込む

記憶は時間の経過とともに薄れていくものである。この「薄れ」に巧みにつけ入るサギをご存じだろうか。

たとえば、通信講座だ。資格取得のための勉強を始めたものの、途中で挫折してしまう。教材などをほったらかしにして、押し入れの奥深くに眠らせてしまう。

悪徳業者はそうした人を狙って騙しの罠を仕掛けてくる。

「以前に、取り組んでいただいた講座の件でご連絡しました」

業者は過去に講座などの勉強をした人のリストを手に入れて、こんなふうに電話をかける。

電話を受けた人は勉強した記憶はあるので、「ええ」と答える。すると、業者は相手の対応ぶりから、「資格を取得したのか」それとも「勉強を途中で投げ出してしまったのか」を即座に判断し、挫折したとおぼしき人に「その講座が、いまだ修了しておりませんが」と、カマをかける。

相手が「そうだったかな」という反応を取ると、ここぞとばかりに業者は畳みかけてくる。

「お客様は、契約に基づいて、受講修了の検定を受けていただく必要があります」

「途中でおやめになるのは契約違反になります」

この業者は教材販売会社なのだが、「講座の最終検定を行う機関だ」とウソをつき、「当社の試験を受けて合格して、講座修了の認定書を手にする必要があるんです」と、さも本当にありそうなストーリーをつくり上げて、話を進めてくる。

元受講者は、動揺する。最初は「まさか、そんな内容の教材ではなかったはずだ」と強気でいられても、次第に「でも、待てよ。もしかしたら、そういう記述が教材の申込書にあったのかもしれない」と、記憶が「薄い」ゆえに、弱気になってくるのだ。途中で勉強を放棄した後ろめたさもあり、先方の話をついつい聞いてしまうところもある。

そんな状況で、いきなり試験を受けろと言われても……。業者は、相手が困惑する状況になることもわかっている。そこで、こう〝助け舟〟を出す。

「本来はお持ちの教材で勉強をし、テストを受けて60点以上で合格となりますが、お仕事が忙しくて勉強する時間はありませんよね。そこで今回は特例として、検定用紙とともに模範解答がついた解説書などの教材をお渡しします。あなた様は、その解説を見ながら、用紙に答えを書いていただき、答案を提出してもらえれば、講座の修了とさせていただきます」

ここで「お渡しします」と言うけれど、有料の教材を売るのが、業者の目的であるゆえ、上記の文言に、相手が「はい」と答えようものなら、言葉巧みに数十万円もする教材販売へと誘導していく。

ここで注意しておきたいのは、一度金を払って教材を買ったからといって、勧誘電話はやむことはないということだ。その人がほかの講座を受けている記録があれば、新たに「法務関係の勉強が終わっていませんが」と電話をかけて、新たな教材を売りつける。教材の勉強を途中で投げ出した数が多ければ、多い人ほど、ターゲットにされてしまうことになる。

こうした手口を資格二次商法などと言う。

今見てきた、「契約が終了していない」と迫る手口以外にも、さまざまな難癖のつけ方がある。

「契約を途中でやめる場合には、手数料、解約料が必要です」

「講座の教材に未払いがありますね。もしお金を払っていただけないなら、お宅にお伺いすることになりますが」

そうやって数十回以上も電話をかけられて、4000万円以上を騙し取られたケースも起きている。

資格二次商法では、受講の契約条件や支払い内容を覚えておらず、「そうだったかもしれない」という曖昧な記憶を突いて、行われる。もちろん、ありもしない状況をでっちあげて、お金を取るのはしてはいけない行為だが、ビジネスにおいて、どのようにこの手法が使えるのだろうか？

営業の仕事なら、人と出会う延べ人数は相当な数になるはずだ。だが、重要人物以外、会った相手と交わした言葉を細かく覚えている人はまずいないだろう。出会った相手もまた、そうである。

だからこそ、**もし2度目に会ったときに、相手が覚えていないことを、自分が覚えていれば、話のうえで優位に立つことができる。**もし、相手が前に会ったときの話を忘れていれば、「〇〇とおっしゃっていましたよね」と言ってあげれば、物事をしっかり覚えている人という印象を与えられるはずだ。

記憶は時間の経過とともに、薄れてしまうものなので、相手より鮮明な記憶を持っている人のほうが、話の主導権を握り、有利な立場で話を展開できる。前出の通信教材で騙された人の目には、電話をかけてきた悪徳業者は「記憶力の確かな人」に映ったのだろう。だから、電話口で圧倒され、弱い立場に追いやられてしまったのだ。

では、記憶を長持ちさせるにはどうしたらいいのか。

まず、基本的なことだが、**記憶を「紙に書く」「パソコンやモバイルにメモする」行為は欠かせない**。面倒くさがって、日々の報告書や業務日報を形式的にしか書かない人が多いかもしれないが、できるだけ具体的に文字にしておくことで、後に大きな利益につながることもあるだろう。

再びサギ師の話になるが、あるカルト団体では、ひとりの人物を勧誘して信者にさせるまでに、相手が「どの場面」で「どんな会話」をして「どう答えた」のか、など詳細な記録を取っておく。そして、それを組織の上部に報告して、今後、どのような方法でマインドコントロールをかけていくのかを考えていくのだ。それゆえ、その人物が数カ月、数年かけて、信者になるまでの記録はすべてストックされており、「一人前の信者」になるまでに分厚い資料が出来上がることになる。

ビジネスにおいては、相手の状況をここまで詳細に書く必要はないかもしれないが、最低限、**後から読んで、そのときの記憶を紡ぎ出せるような内容は書いておきたい**。特に、報告書は結論を先に書き、その下に結論を補足する形で文章を置いていくピラミッド型が良いだろう。他人が読むうえで、最初に結論がわかれば、読みやすい面もあるが、後から、自分が読んだときにおいても、結論が先にわかれば、記憶を引っ張り出しやすくなる。

正式な報告書以前にも、何か気になることを聞いたら、即メモする習慣を定着させたい。記憶は優先順位の低いものから消えていくので、メモは欠かせない。私も悪徳業者などに潜入取材した内容は、その場を離れたらすぐに、そのときの状況が頭の中に残っているうちに、道すがらメモするように心がけている。そして、家に戻り、その記述をもとに、パソコンなどで文書にしてやりとりを再現する。

記憶は雲のような存在で、別のことを強く考えると、前の記憶は押し出されて消えてしまう。それゆえ、**メモするときには、後から記憶を引っ張り出せるように、キーワードとなる言葉や文章を、ほかの出来事に影響されないうちに早めに書いておくのだ。**

今や、パソコン、スマートフォンの普及で、文字は「打つ」ものになっており、筆者も時にそうしているが、記憶の長持ちという観点で言えば、やはり「文字を書く」行為が断然正しいと思う。何か感じたことや思うところがあれば、すぐにメモを取る。頭のデータファイルに収める。その蓄積は、人より抜きん出ようとする際には、必須なことになるはずだ。

実際に、サギ師らも日々、たくさんの名簿を手に入れて、数多くの電話をかける。当然、かけた相手のことを後々まですべては覚えていない。それゆえに、電話をかけた後、リスト名のところに、「話し好き・押せば契約できる・カモ」など、相手の状況がどうだったのか、短いコメントを入れておく。

それは次に電話をかける際に、過去の記憶を引っ張り出すためのキーワードとなる。**豊富な情報力を持つことで、電話を受けた記憶があやふやな相手に対して、有利な立場で話をすることができ、時に強気な文言で、騙しの話を展開できる**というわけだ。

いかにリストに付加価値をつけ、過去の記憶を紡ぎ出せる言葉をストックしておけるか。サギ師が荒稼ぎするのも、我々が売り上げを伸ばすのも、「少し前の記憶」をリアルに呼び起こせるかどうかにかかっているのだ。

（了）

参考文献

『ついていったら、こうなった　キャッチセールス潜入ルポ』(彩図社)
『悪徳商法　わざと引っかかってみました』(彩図社)
『「絶対ダマされない人」ほどダマされる』(講談社＋α新書)
『迷惑メール、返事をしたらこうなった。　詐欺&悪徳商法「実体験」ルポ』(イースト・プレス)
『おいしい話に、のってみた　〝問題商法〟潜入ルポ』(扶桑社)
……いずれも本書著者による著作

本書は、２０１６年にプレジデント社より刊行された『ワルに学ぶ黒すぎる交渉術』を加筆・改筆・再編集のうえ、改題したものです。

イースト新書Q

Q072

サギ師が使う
交渉に絶対負けない悪魔のロジック術
多田文明

2021年5月20日　初版第1刷発行

イラスト　いながきちえこ
DTP　小林寛子
企画・編集協力　畑 祐介
編集担当　久保木勇耶
発行人　北畠夏影
発行所　株式会社イースト・プレス
東京都千代田区神田神保町2-4-7
久月神田ビル　〒101-0051
Tel.03-5213-4700　fax.03-5213-4701
https://www.eastpress.co.jp/
ブックデザイン　福田和雄（FUKUDA DESIGN）
印刷所　中央精版印刷株式会社

©Fumiaki Tada 2021,Printed in Japan
ISBN978-4-7816-8072-9

本書の全部または一部を無断で複写することは
著作権法上での例外を除き、禁じられています。
落丁・乱丁本は小社あてにお送りください。
送料小社負担にてお取り替えいたします。
定価はカバーに表示しています。